venez toutes bloguer sur
www.lesparesseuses.com

La Déco
des paresseuses

Cendrine Dominguez
Seymourina Cruse

La Déco des paresseuses

•MARABOUT•

Remerciements

Nous tenons à remercier tous les protagonistes de cet ouvrage avec, par ordre d'apparition :

Jean-Charles, dont vous redécorez sans relâche l'appartement (et la veste en daim), avec ou sans son accord.

Vos meilleurs amis du dimanche, qui s'occupent (dans la joie et la bonne humeur) de repeindre votre studio à chaque fois que vous emménagez quelque part.

Votre petit Nicolas, qui met volontiers la main à la pâte pour embellir les murs de votre maison (avec ses feutres et pinceaux, ses dessins de maternelle et ses cadeaux de fête des mères), et qui a toujours exigé de vous une chambre d'enfant de rêve.

Tante Yvonne, qui vous lègue généreusement ses vieux meubles à tour de bras (que cela vous fasse plaisir ou non).

Desperalda (votre meilleure amie dépressive), qui se propose souvent de vous donner un coup de main déco (et finit souvent allongée sur votre magnifique divan à vous raconter sa vie).

Fred (votre meilleur ami célibataire), qui passe chez vous ses meilleures soirées et finit lui aussi assez souvent allongé sur votre canapé (il faudra songer à lui présenter Desperalda).

La mère de Jean-Charles, dont les visites trimestrielles vous obligent à faire un minimum de ménage, rangements et aménagements en tous genres (merci Belle-Maman).

Beau-Papa, qui prodigue de bons conseils feng shui, mais qui est quand même un peu maniaque sur les bords.

Santiago *echo en Mexico*, qui vous a donné l'amour (des voyages, des couleurs du Guatemala et des styles venus d'ailleurs…).

Ronaldo, qui vous a donné l'envie (de faire de votre appartement un lieu magique, confortable, élégant, sexy, festif…).

Toute ressemblance avec des personnages réels est tout à fait fortuite.

Sommaire

Avant-propos

Pourquoi ce guide va vous aider

Vous souhaitez que votre studio, votre appartement, votre maison ou votre bureau soit décoré le mieux possible, mais vous n'envisagez pas de passer votre temps à bricoler, quand bien même vous en seriez capable...

Vous voulez vivre dans un univers à l'image de votre style de rêve ; mais, au fait, quel est votre style de rêve ?

Vous aimez changer de décor aussi souvent que possible, mais l'idée même de passer un coup de peinture ou de poser du papier peint vous flanque une hernie...

Votre mobilier dépareillé et défraîchi vous déprime ? Sans vouloir vous compliquer la vie, il y a peut-être quelque chose à faire avant de tout jeter aux encombrants...

Vous étouffez dans un 32 mètres carrés auquel vous aimeriez bien donner des allures d'infini, ne serait-ce que le temps d'une soirée...

Vous avez envie d'exprimer vos talents cachés de décoratrice, mais le propriétaire des murs ne partage pas vos goûts avant-gardistes pour la peinture murale au jet d'encre...

Lorsque vos beaux-parents vous rendent visite, vous aimeriez bien ne pas attirer leur attention sur le désordre ambiant, les vitres sales et les 1 001 taches qui tapissent votre appartement du sol au plafond...

Après avoir cassé la tirelire pour déménager, vous voulez bien manger des pâtes à l'eau pendant un an, mais il faut impérativement repeindre la cuisine, et vite, car sa couleur grisâtre vous coupe l'appétit (même les pâtes à l'eau ne passent pas).

Les murs blancs vous stressent et le fouillis vous horripile au plus haut point, mais vos cadres, affiches et étagères gisent au sol car vous ne savez pas planter un clou, ni même enfoncer une punaise…

Vous attendez un joli bébé et aimeriez lui préparer une jolie chambre mais le médecin est formel : pas question de grimper sur une échelle, de respirer de la peinture à plein nez et encore moins de déménager parce qu'il manque une chambre à votre F2…

Vous dormez mal sans rideaux aux fenêtres, mais n'est pas couturière qui veut…

Quand vos trois mois de caution sont débités avant même que vous ayez passé le pas de la porte de votre nouvel appartement loué à l'arrachée ; quand votre emprunt sur 25 ans pour l'achat du studio de vos rêves ne vous laisse que quelques spaghettis pour vivre ; quand votre déménagement vous met sur les genoux avec sciatique et lumbago en prime : rien que l'idée de mettre votre touche déco ressemble étrangement à la goutte d'eau qui va faire déborder le vase.
Vous n'allez pas pour autant vivre dans un bazar qui ne vous ressemble pas sous prétexte que votre compte en banque fait de l'apnée, que votre boss aimerait bien que vous ne quittiez pas le bureau tous les jours à 15 h 30, et que votre dos ne peut même plus soulever une carte postale : vous n'allez pas baisser les bras pour si peu !
Alors, si vous rêvez que de petites astuces accomplissent de grands changements, si vous voulez faire de grandes choses avec de (tous) petits moyens, ce guide va vous faciliter les choses.

Enfin, si vous voulez que décorer ne rime jamais avec corvée et se solde toujours par un succès, alors ce guide est pour vous !

chapitre 1

Comment trouver le style qui vous va

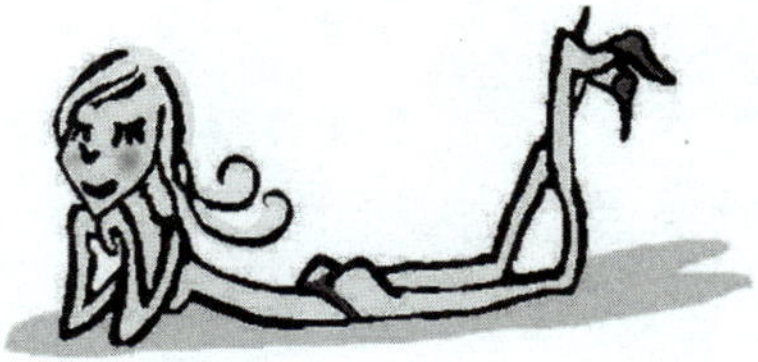

Et si, avant de courir, vous partiez à point ?

Avant de vous lancer tête baissée dans une opération de relookage éclair de votre appartement, il s'agit tout d'abord de définir quel style de déco vous correspond.
Pas de panique (tel Zorro, ce guide est là pour vous aider) : sans faire le moindre effort d'auto-analyse complexe, commencez par vous poser dix questions simples mais indispensables avant de lire les dix styles définis ci-après pour savoir qui vous êtes et pour vous aider à créer *votre* décor.

« Connais-toi toi-même », comme disait l'autre

10 questions simples à se poser avant de tout changer

Tout n'est pas une question de style et « on ne fait pas toujours ce qu'on veut »... Avant de tout casser, truelle dans une main et marteau dans l'autre, commencez par vous allonger confortablement sur le canapé pour vous poser quelques questions bassement pratico-matérielles et néanmoins fondamentales.

1 – Où habitez-vous ?

- ☐ à la campagne
- ☐ en ville
- ☐ ailleurs

2 – Êtes-vous propriétaire ?

- ☐ je suis propriétaire
- ☐ je suis locataire
- ☐ ni l'un ni l'autre

3 – Avez-vous des enfants ?

- ☐ oui
- ☐ non
- ☐ NSP

4 – Avez-vous des animaux ?

- ☐ oui
- ☐ non
- ☐ mes amis ont des animaux

5 – Passez-vous beaucoup de temps chez vous ?

- ☐ oui
- ☐ non
- ☐ ma famille et mes amis passent beaucoup de temps chez moi

6 – Quel budget consacrez-vous à l'aménagement de votre maison ?

- ☐ small
- ☐ medium
- ☐ large

7 – Que faites-vous dans votre maison ?

- ☐ je vis avec ma famille
- ☐ je travaille
- ☐ je fais la fête

8 – Aimez-vous bricoler ?

- ☐ oui, beaucoup
- ☐ oui, de temps en temps
- ☐ non, surtout pas

9 – Êtes-vous particulièrement sensible au bruit ?

- ☐ oui, je ne supporte pas le moindre tic-tac de montre
- ☐ non, j'aime la musique et le bruit, ça met de l'ambiance
- ☐ je suis complètement indifférente aux décibels et peux m'endormir la tête sur une enceinte

10 – Êtes-vous particulièrement sensible à l'ordre, à la propreté ?

- ☐ oui, énormément je suis limite maniaque
- ☐ non, le désordre m'est indifférent : la vraie propreté est intérieure
- ☐ j'aime cet ordre subtil qui règne dans mon propre désordre

Trouvez le style qui paresse en vous

Fermez les yeux et faites comme si vous étiez Victoria Abril ou Pénélope Cruz (en mieux) dans le vestibule de Woody le psy. Il ne s'agit pas d'un audit de votre petite enfance, mais presque.

« Dis-moi quelle paresse te démange et je te dirai quelle déco te va »...

Réalisée sur un échantillon représentatif de paresseuses (Victoria, Pénélope et Cendrine pour ne citer que les plus connues), cette palette des styles n'est pas exhaustive. Les paresseuses Renaissance, Louis-Philippe et Second Empire trouveront des précisions sur leurs profils néo-périodiques un peu plus loin.

Vous êtes		Votre style est	Mais peut-être aussi...
Paresseuse au long cours	1	Ethnique	Rétro kitsch, rustique, bord de mer...
Zen	2	Loft	Bord de mer, écolo, high tech...
Citadine	3	Bistrot	Loft, rétro kitsch, écolo...
Baba cool	4	Rétro kitsch	Ethnique, bistrot, rustique...
Élégante	5	Bourgeois	Rustique, loft, bord de mer...
Belle des champs	6	Rustique	Écolo, bord de mer, ethnique...
Balnéaire	7	Bord de mer	Rustique, écolo, loft...
Citoyenne	8	Écolo	Ethnique, rustique, bord de mer...
Moderne	9	High tech	Loft, bistrot, écolo...
Façon Cendrine	10	Panaché	Tous les styles ci-dessus !

1. Le style ethnique de la paresseuse au long cours

Vous aimez voyager et de préférence pour de longs séjours au bout du monde avec un sac sur le dos en empruntant les moyens de transport locaux (les cheveux dans le vent façon « Into the wild »).

Votre intérieur se compose de 1001 objets venus d'ailleurs dénichés dans des bazars et autres marchés lointains. Vous gardez les cartes postales qu'on vous envoie, les bibelots qu'on vous offre et tous les souvenirs de vos périples : chez vous, c'est vraiment le souk. Les objets qui vous entourent ont une valeur affective, leur valeur marchande est secondaire (malheur à celui qui jetterait le poncho troué que Santiago vous a légué sur le

quai de la gare d'Antigua, au Guatemala). Vous appréciez les ambiances tamisées et l'éclairage à la bougie (rouge, la bougie).
Vous recevez souvent vos amis autour de spécialités épicées (*echo en Mexico*, les épices). Vous savez préparer le thé à la menthe « comme là-bas ». Vous écoutez des musiques du monde (Manu Chao passe en boucle). Votre salon sent bon l'encens (même le carrelage en est imprégné). Vos objets et vêtements préférés sont ceux que vous avez chinés ; souvent inmettables, mais vous les mettez quand même. Vous êtes de nature cosmopolite, antiraciste et libertaire (votre pendentif « peace and love » l'affirme et le confirme). Bref, votre décor exprime une hospitalité à la fois exotique et sensuelle (c'est vraiment chez vous qu'on *farniente* dans le canapé).

Si vous êtes paresseuse au long cours, voir aussi les styles rétro-kitsch, rustique et bord de mer.

2. Le style loft de la paresseuse zen

Vous aimez l'ordre et la propreté mais ne supportez pas de perdre votre temps à ranger derrière les enfants (ou derrière les amis qui passent régulièrement chez vous leurs plus folles soirées). Vous avez besoin d'espaces ouverts, dépouillés, sans artifices et sans accessoires qui traînent (surtout pas le journal de Jean-Charles sur la table de salon). De profession libérale ou artistique, votre vie amicale est très liée à votre vie professionnelle (« Brad et Bruce viennent prendre un verre ce soir, c'est pour parler du prochain album »).
Votre habitat se métamorphose facilement en lieu de fête et de réception (résultat, votre salon ressemble à une piste de danse). Vous recevez même beaucoup, de façon souvent informelle, autour d'un buffet ou pour boire un verre (vous êtes à l'origine du concept « passez prendre un verre à la maison »). Vous servez plus volontiers une coupe de champagne que de l'anisette à l'apéro et proposez plutôt des cafés « capsule »

que de la « verveine ventre plat » après le dessert. Vous aimez la lumière, les grands volumes, les matériaux bruts, une esthétique minimaliste et épurée, asiatique ou industrielle (à tendance show room Gucci).
Vous avez besoin de faire le vide et de vous poser quand vous rentrez chez vous HS (plutôt à cause de votre petite nuit que de votre longue journée). Votre espace vous procure un bien-être providentiel dans une vie à tendance hyper-active.

Si vous êtes paresseuse zen, voir aussi les styles bord de mer, écolo et high tech.

3. Le style bistrot de la paresseuse citadine

Vous habitez en ville et retrouvez votre appartement tous les soirs – pas trop tard après une journée de travail (pour ça les 35 heures, c'est cool). Même si vous ne passez pas beaucoup de temps chez vous pendant la semaine et n'y êtes jamais très nombreux, vous avez besoin de rangements et de pièces dédiées car vous cohabitez dans des petits espaces (pour ça Ikea, c'est bien).
Vous animez votre balcon de plantes en pot, vos sols sont colorés, les murs sont constellés d'ardoises, d'affiches publicitaires à l'ancienne ou de grosses lettres décoratives, la porte de votre réfrigérateur est une vraie surface d'expression, couverte de gadgets rigolos, de photos et de magnets.
Vous recevez vos amis sans protocole et faites du sport tous les week-ends (pour ça le Vélib', c'est super). Sur un plan de travail façon comptoir de bistrot, vous appréciez les menus pâtes fraîches ou pizzas, les entrées « tomates mozza » et les plateaux-repas sortis du congélo (pour ça Picard, c'est pratique). Vous préférez la compagnie d'un chat ou d'un poisson rouge plutôt que celle d'un berger allemand (pour lui la campagne, c'est mieux).

Si vous êtes paresseuse citadine, voir aussi les styles loft, rétro kitsch et écolo.

4. Le style rétro kitsch de la paresseuse baba cool

Vous adorez bricoler, dessiner, peindre, coudre et créer ou réinventer sans cesse votre propre intérieur (ce qui exaspère parfois vos colocataires). Vous portez très souvent des vêtements que vous avez fait vous-même. Vous aimez la couleur, la fantaisie, et les changements de décor fréquents vous amusent (ça amuse beaucoup moins les voisins du dessous). Vous collectionnez les pots de yaourt en verre et les boîtes en fer-blanc de toutes sortes. Vous êtes une pro des usages détournés et savez donner une vie nouvelle aux objets (c'est fou le nombre de choses que vous transformez en cendrier). Vous appréciez les motifs floraux et les tons fanés. Vous offrez très souvent des cadeaux *home made* à vos amis (ça ne leur fait pas toujours vraiment plaisir mais c'est l'intention qui compte). Vous n'hésitez pas à bouger les meubles et à transformer le décor en fonction des saisons, des occasions, de vos envies. Votre intérieur est très accessoirisé, joyeux, mi-kitsch mi-rétro. Vous accordez une grande importance aux détails et pouvez dire de presque chaque objet : « c'est moi qui l'ai trouvé » ou « c'est moi qui l'ai fait » (la plupart du temps ça se voit). Votre maîtrise de l'ornementation et de la mise en scène dénote de l'humour, de la malice et de la générosité.

Si vous êtes paresseuse baba cool, voir aussi les styles ethnique, bistrot et rustique.

5. Le style bourgeois de la paresseuse élégante

Vous possédez des meubles d'époque ou avez reçu « le style en héritage » à travers des objets, des tableaux ou du mobilier de famille qui contribuent à créer votre univers décoratif. Vous êtes sensible aux notions de confort et aux références stylistiques. Votre intérieur est ordonné, élégant, rassurant (les choses ont leur place, même Jean-Charles a sa place dans un cadre, près de la cheminée). Vous aimez les boiseries travaillées, le mobilier verni, l'éclairage diffusé par des lampes classiques plutôt que par des néons. Vous plantez des bougies sur le chandelier pour les grandes occasions (blanches, les bougies). Vous préférez prendre vos repas (entrée, plat, dessert) autour d'une table de salle à manger plutôt que dans la cuisine avec « Question pour un champion » en fond télévisé sonore. Vous passez du temps chez vous. Vous aimez lire et appréciez l'atmosphère chaleureuse des maisons de famille. Vous êtes fidèle aux traditions et connaissez la valeur historique et marchande des objets qui vous entourent (les torchons et les serviettes, vous savez bien que ce n'est pas pareil). Vous exprimez des qualités de calme et de sérénité à travers votre univers décoratif. En matière d'*Homo sapiens*, votre style s'appelle plutôt Jean-Charles que Ronaldo.

Si vous êtes paresseuse élégante, voir aussi les styles rustique, loft et bord de mer.

6. Le style rustique de la paresseuse belle des champs

Vous aimez les vacances à la montagne ou à la campagne, les ambiances chaleureuses distillées par les pierres apparentes, les colombages et les cheminées. Vous appréciez le grand air, la nature et les balades quel que soit le temps qu'il fait. Vous confectionnez souvent des bouquets et revenez de vos promenades les bras chargés de fruits, de fleurs et de branchages. Vous cuisinez souvent les fruits de vos « cueillettes » : bocaux de prunes, confitures de mûres, châtaignes grillées, fricassées de champignons... Vous aimez cultiver votre potager ou faire le marché – de préférence bio. Vous recevez vos amis autour de plats préparés par vos soins (soupes, tartes), de produits potagers (potirons, artichauts) et de bons fromages (« *Oui donne, donne-nous de ton fromage, Belle des Champs...* »). Quel que soit le temps qu'il fait, vous rayonnez et offrez naturellement l'image d'une vie heureuse, saine et équilibrée (vous avez réalisé les spots publicitaires pour les confitures Andros, le café Ricoré et le shampooing Timotei).

Si vous êtes paresseuse belle des champs, voir aussi les styles écolo, bord de mer et ethnique.

7. Le style bord de mer de la paresseuse balnéaire

Vous aimez le soleil et la mer ? et alors ? De préférence, vous ne vivez pas trop loin de l'eau et pour le reste vous faites avec… ou sans soleil. Sans renoncer au confort, vous appréciez tout particulièrement les aménagements simples, le blanc, le bois et le bois peint en blanc (vous n'êtes pas vraiment compliquée). Vous semez une poésie marine et balnéaire dans chaque pièce par des petits détails : mouettes et bateaux de bois dans le salon, mobilier de bois peint légèrement cérusé dans les chambres, coquillages dans la salle de bains… Les motifs ou objets sur le thème maritime animent votre décor et lui donnent son unité (et pour cause, car vous achetez presque tout dans le même magasin du port de l'île de…). Vous collectionnez tout ce que la marée dépose sur la plage : verres polis, bois d'épave, petits cailloux et coquillages de toutes sortes. Sur fond blanc dominant, vos gammes de couleurs favorites sont celle des bleus atlantique et celle des ocres méditerranéens (à tendance patine jaune provençale pour pallier le défaut de soleil). Vous êtes d'humeur solaire, joyeuse, sportive et détendue, et chez vous on se sent toujours en vacances.

Si vous êtes paresseuse balnéaire, voir aussi les styles rustique, écolo et loft.

8. Le style écolo de la paresseuse citoyenne

Vous avez une fibre « citoyenne » dans l'âme et dans les faits (« Quoi ? mais il est très bien mon capteur solaire qui réchauffe ma tasse de café équitable en 45 minutes… »). Les matériaux qui entrent dans la composition de votre mobilier vous intéressent autant que l'origine de tous les objets qui vous entourent (ainsi vous luttez contre la déforestation de l'Amazonie à coups de saladiers en fibres de bambou, perméables à la vinaigrette mais au demeurant très chic). Vous favorisez les produits du commerce équitable car, pour vous, beau rime avec bon (tel est votre credo). Vous appréciez les teintes naturelles du bois non traité et les vertus du coton écologique. Vous aimez aussi les couleurs vives et l'esprit ludique des compositions de récupération. Vous n'hésitez pas à payer le prix pour que les objets et matériaux écologiques franchissent le pas de votre porte. Autour de vous les objets ont souvent une histoire, leur fabrication respecte la planète et met en scène l'artisanat local ou les petites entreprises (bienvenue dans un monde meilleur)...

Si vous êtes paresseuse citoyenne, voir aussi les styles ethnique, rustique et bord de mer.

9. Le style high tech de la paresseuse moderne

Vous suivez une actualité déco consacrée au mobilier et aux matériaux (vous lisez plutôt *Wall Paper* que *Système D*). Initiée, curieuse, avant-gardiste, vous êtes au fait de toutes les innovations. Vous êtes plutôt Mac que PC, vous aimez les écrans plats, le « tout-wi-fi » à domicile, l'ambiance *home cinema*, les effets spéciaux obtenus entre autres avec les films transparents, les impressions photographiques, les ampoules de couleur, les néons, les plastiques et autres revêtements synthétiques. Vous aimez les ambiances surprenantes « à tendance futuriste », les matériaux propres et innovants : inox sur le plan de travail de la cuisine, corian dans la salle de bains, béton lissé ou résine au sol, lumières sur variateurs. Vous n'exposez pas vos objets, vous favorisez les rangements intégrés et le mobilier sur mesure. Vous appréciez la valeur esthétique et fonctionnelle des aménagements, la déco « intelligente ». Ne le prenez surtout pas mal, mais dans le genre paresseuse, vous êtes quand même un peu masculine sur les bords ou féminine super-top, disons à mi-chemin entre James Bond et la James Bond girl...

Si vous êtes paresseuse moderne, voir aussi les styles loft, bistrot et écolo.

10. Le style panaché de Cendrine la paresseuse

Vous vous sentez aussi bien dans des jeans que dans un tailleur, dans des bottes que sur des talons aiguilles, dans une minijupe que dans une robe longue... Alors, finalement côté déco, pourquoi choisir un style plutôt qu'un autre ? Chez vous, les pièces se suivent et ne se ressemblent pas (un peu comme chez Cendrine)...

Une petite entrée de paresseuse belle des champs avec un tapis brosse sur le pas de la porte, des tomettes brunes au sol, des portes-manteaux en bois, des coffres à chaussures chinés, des parapluies plantés dans une corbeille et un beau vieux miroir où viennent s'accrocher des chapeaux de paille.

Une cuisine de citadine avec un gros « MIAM » écrit en lettres rouges de 50 cm de haut, une ardoise qui croise les messages, une affiche vantant les mérites du chocolat Suchard dans les années 1950, une fenêtre ouverte sur trois plantes aromatiques en pot et un plan de travail avec retour en comptoir de bistrot pour déjeuner sur le pouce.

Un vestibule transformé en petite salle à manger de paresseuse mi-bistrot mi-belle des champs avec une grosse table en bois massif éclairée d'une lampe Seventies et des murs façon buffet bibliothèque, tapissés de haut en bas par des livres de cuisine, bocaux de légumes, *chutneys* et confitures.

Un salon télé de paresseuse ethnique avec sofas confortables, lumière tamisée et gros coussins partout.

Une salle à manger de paresseuse élégante avec deux grands bougeoirs argentés et des assiettes Fornasetti sur la table, des chaises recouvertes de tissus satinés, des tableaux XVIIIe, des vases plantés d'orchidées et un immense miroir qui permet à tous les convives de profiter de la vue sur jardin.

La chambre des parents style bord de mer toute blanche et toute simple avec sa salle de bains tapissée de mosaïques mélangées où sont venus s'échouer verres polis, galets et coquillages au retour de nombreux voyages.

La chambre de Léo de style high tech avec panoplie stéréo complète et couleurs vives peintes à même le mur.

La chambre de Léa style rétro kitsch avec des photos qu'elle a développées elle-même et de la fantaisie bricolée dans tous les coins…

Bref, un savant mélange bien géré, bien dosé et parfaitement dépaysant puisque ce style panaché, sans cesse réinventé, permet de passer d'une ambiance à l'autre sans jamais sortir de chez soi !

Si vous êtes paresseuse comme Cendrine, vous n'êtes pas sortie de l'auberge…

Chacun cherche son chat

Ne cherchez pas de réponses à l'itinéraire stylistique que vous venez de parcourir. Question décoration, c'est comme à L'École des Fans pour celles qui s'en souviennent, tout le monde gagne à tous les coups ! Autrement dit, votre style, c'est forcément le meilleur, les goûts et les couleurs ne se discutent pas et à chaque mode de vie correspond un univers décoratif qui lui est propre. Restez vous-même en associant les couleurs, les matières et les objets qui s'accordent aux styles qui vous ressemblent vraiment, comme pour votre garde-robe. Ce n'est qu'une question de bien-être. Oubliez les modèles, de toute façon vous croyez que Jean-Charles, c'est son style Penelope Cruz ? (quoique...).

BON À SAVOIR

Comment réussir de bonnes associations (matières, objets, couleurs) selon son style sans faire de faute de goût ?

Les matières :
ETHNIQUE (kilims, tapis, broderies, tissus mexicains...)
LOFT (béton brut, acier, corian, verre poli...)
BISTROT (ardoise, bois, carrelage, Formica...)
RÉTRO KITSCH (dentelles, nappes, tissus liberty...)
BOURGEOIS (bois verni, parquets, marbre, moulures...)
RUSTIQUE (bois sombres, tomettes, laine, fourrures...)
BORD DE MER (sable, galets, bois blanc...)
ÉCOLO (écorces, bambou, métal blanc recyclé...)
HIGH TECH (plexi, plastique, inox, laque du matériel hi-fi...)

Les objets fétiches :
ETHNIQUE (bols céramique, poufs...)
LOFT (canapé blanc, lampes Jieldé, horloge de gare...)
BISTROT (comptoir de bar, publicités anciennes, magnets...)

RÉTRO KITSCH **(abat-jour customisé, bibelots chinés...)**
BOURGEOIS **(buffets, pendule murale, tableaux, cadres...)**
RUSTIQUE **(paniers, bouquets de fleurs, nappes, pendule...)**
BORD DE MER **(mouettes en bois, mobilier cérusé, baromètre...)**
ÉCOLO **(objets recyclés, bols en écorce, tiges de bambou...)**
HIGH TECH **(néons, télécommandes, photos rétro-éclairées...)**

Les gammes de couleurs :
ETHNIQUE **(curry, safran, bronze, paprika...)**
LOFT **(blanc crème, gris, beige clair, métal...)**
BISTROT **(orange, vert pomme, jaune, turquoise...)**
RÉTRO KITSCH **(rose, pêche, mauve, lilas...)**
BOURGEOIS **(brun foncé, acajou verni, doré...)**
RUSTIQUE **(bois blond, brun chocolat, rouge...)**
BORD DE MER **(ocre, orangé, bleu, blanc Javel...)**
ÉCOLO **(vert, beige matière, blanc cassé...)**
HIGH TECH **(couleurs vives, fluo, blanc teinté...)**

Tout ce que vous avez toujours voulu savoir sur les couleurs sans jamais oser le demander

Les couleurs opèrent des miracles psychologiques démontrés sur notre moral, notre énergie, notre sens du propre, de l'ordre, etc. Mettre le doigt sur la bonne gamme de couleur pour son intérieur n'en demeure pas moins difficile, car c'est souvent à notre insu qu'un coloris nous convient plus ou moins bien. Pour vous permettre de faire un choix au carrefour des 1 001 couleurs possibles, commençons par le b-a-ba : les couleurs de l'arc-en-ciel...

Les couleurs de l'arc-en-ciel

Petit arrêt sur image concernant les couleurs de l'arc-en-ciel qui sont officiellement au nombre de 6, ou de 7, selon les années bissextiles et l'humeur du capitaine, l'indigo passant une fois sur deux à la trappe dans les classements (il est le plus souvent assimilé au violet).

- Rouge
- Orange
- Jaune
- Vert
- Bleu
- Violet
- Indigo

En décoration, il est nécessaire d'ajouter à ces couleurs de référence un zoom écran sur le marron, indémodable, le rose, pas nécessairement réservé à la chambre de bébé fille, le blanc et le noir, qui, pour celles que cela intéresse, ne sont pas des couleurs mais des « valeurs » – peu importe, on ne va pas chipoter.

Le rouge théâtral

Couleur emblématique du théâtre, le rouge n'est pas une couleur qui s'utilise n'importe où… Mégalo et super-fier, il est là pour qu'on le regarde, qu'on l'éclaire et qu'on l'admire. En décoration, on l'utilise souvent à petite dose, pour mettre en valeur un objet (canapé, fauteuil) ou donner un pôle couleur à un espace. Peindre en rouge un mur sur quatre dans une pièce, par exemple (salon, salle à manger), permet de recréer l'effet ancestral du « foyer », feu de cheminée autour duquel on avait coutume de se rassembler. Couleur forte et vive, le rouge est utilisé pour peindre les gros camions rutilants ou les plus belles voitures de sport (le rouge Ferrari en est le plus

bel exemple). Effectivement *number one* au hit parade des couleurs narcissiques, le rouge dynamise façon méthode Coué (je suis belle, regardez comme je suis belle, donc je suis forcément belle puisque je suis si belle).
Autres effets psychologiques démontrés : le rouge stimule, excite, réveille, accélère le rythme cardiaque et augmente la pression sanguine.

L'orange exotique

Couleur chaude, non conformiste, exotique, l'orange est rarement utilisé en solo dans la mode, ou dans la décoration. On l'associe facilement à d'autres couleurs dans la gamme « feuille d'automne » (vert, marron, blanc) et surtout, comme s'il n'était pas capable de bien se tenir tout seul, on ne le laisse s'exprimer que par motifs interposés (motifs floraux, géométriques). Si les nuances sombres de l'orange ont souvent égayé les tissus des décors classiques, c'est pendant la période Pop et les années 1960 que l'orange vif a connu ses plus belles heures de gloire, dans la décoration et dans la mode. Comme son cousin germain le rouge, l'orange est convivial, très souvent associé à la gastronomie et à la nourriture (il aurait la vertu de mettre en appétit et de faciliter la digestion).
Autres effets psychologiques démontrés : stimulant, euphorisant, certains vont jusqu'à dire qu'il permet de combattre la dépression et augmente les défenses immunitaires (mais c'est peut-être lui donner beaucoup de responsabilités d'un seul coup).

Le jaune sulfureux

Couleur qui brille comme le soleil, le jaune est la couleur emblématique du décor provençal type que l'on retrouve sous toutes les latitudes, qu'elles soient tropicales ou au contraire cruellement en manque d'ensoleillement. La fameuse marque de tissus d'ameublement Soleiado intègre ainsi le jaune dans la quasi-totalité de ses motifs, associé à toutes les autres couleurs possibles (bleu, vert, rouge).

La démarche qui pousse vers le jaune en décoration est assez singulière, voire touchante d'optimisme... « On va mettre du jaune pour que ce soit plus gai » : c'est presque toujours comme ça que ça commence. Ensuite on observe des résultats plus ou moins heureux, mais est-ce que c'est au choix du jaune ou à sa mise en œuvre qu'il faut le reprocher ? Allez savoir...

Les effets psychologiques démontrés en faveur du jaune sont de taille puisque cette couleur est utilisée dans certains hôpitaux (psychiatriques) pour favoriser la gaîté, l'optimisme, le dynamisme et, surtout, comme l'orange, pour combattre la dépression. De là à prétendre que le jaune est capable à lui tout seul de compenser l'effet du soleil et de vous administrer une dose de vitamine A à chaque fois que votre regard croisera la nappe de la cuisine, il y a un pas. On se souvient pourtant que notre cher Vincent Van Gogh, taxé de folie mélancolique par ses contemporains, trouvait une forme de thérapie par la pratique de l'art en peignant quoi ? des quantités de tournesols, champs de blé et autres paysages dans les tons jaunes...

Le vert naturel

Couleur que produit naturellement la chlorophylle des plantes sans même qu'on ait besoin de le lui demander, entre le bleu de l'eau et le jaune du soleil, le vert symbolise évidemment la nature plus que toute autre couleur de l'arc-en-ciel. Dans le langage courant, « vert » est synonyme de fraîcheur (« se mettre au vert »), d'acidité (un parfum vert) voire d'agressivité (« vert de rage »), de nouveauté et de jeunesse (du bois vert), voire de jeunesse pas mûre du tout (un fruit vert). Peut-être parce que la chlorophylle ne va pas sans eau, le vert est une couleur qui trouve instinctivement sa place dans les pièces comme la salle de bains, la douche ou les toilettes. Il convient pourtant sans choquer dans toutes les pièces de la maison, associé souvent au blanc dans une chambre et au marron dans un salon. Seule la cuisine semble un peu réticente à cette couleur qui, à la différence des tons rouges, ne favoriserait absolument pas la mise en appétit. Là encore, libre à vous de ne voir que des salades dans ces considérations chromatiques, mais

force est de constater que le vert n'est quasiment jamais utilisé dans les restaurants, les cuisines, les magasins gastronomiques et les grandes épiceries fines (Hédiard, Fauchon, etc.).
On reconnaît au vert des vertus relaxantes qui favorisent l'harmonie, le repos et la détente.

Le bleu aquatique

Couleur du ciel, le bleu respire, insuffle un courant d'air frais... Couleur de l'eau, le bleu nous plonge dans des sensations de calme, nous liquéfie de détente, nous éclabousse de fraîcheur, nous immerge de bien-être... Associé aux décors « bord de mer » qui sévissent dans les maisons de vacances sur toutes les côtes de France et de Navarre, le bleu occupe souvent la salle de bains et, comme son voisin le vert, ne vient pas très souvent squatter la cuisine. Cela lui arrive quand même parfois, la cuisine bleue que l'on retrouve dans les bonnes vieilles maisons de famille demeure en effet un des plus grands classiques du bon goût. Elle n'est autre que la copie quasi conforme de la cuisine bleue peinte par Monet, avec ses carreaux bleus (et blancs) autour du plan de travail, ses murs peints en jaune et ses casseroles en cuivre suspendues. Rappelons enfin au passage que le bleu est le code couleur XY s'il en est. Ainsi le bleu ciel ou clair est souvent réservé à la chambre du petit garçon (et, par extension, à celle de la petite fille qui y a droit aussi alors que « l'inverse » n'est pas possible, voir plus loin le cas particulier du rose), tandis que la référence bleu marine ou foncé permettra à Jean-Charles de retrouver son peignoir dans la salle de bains.

Le violet de luxe

Tout à la fois jeune et vieillot, moderne et rétro, frais et désuet, pas facile de manipuler le violet pour lui faire dire exactement ce qu'on veut. Plus ou moins dosé vers les tons les plus clairs ou, à l'opposé, vers les nuances les plus foncées, le violet est capable de tout et de son contraire. On retrouve le violet velours sombre et ses tonalités profondes dans les bibliothèques, les petits salons, les cafés chic (et chez tante Yvonne). On attribue au violet medium à tendance rose des images liées à l'opulence, au luxe, voire à la débauche et à la prostitution. Et on exploite enfin la version pâle du violet (mauve, lilas) dans les chambres d'enfant où il n'exprime alors plus que poésie, douceur et fantaisie. Symbole de la spiritualité, de l'intuition et de la créativité artistique, le violet favorise la concentration, la méditation ou même la contemplation (zen, soyons zen...). À doser quand même avec modération.

Le rose *shocking*

La couleur la plus bavarde et la plus sexuée de toutes les couleurs est sans nul doute le rose. Où qu'on l'installe, elle ne peut pas s'empêcher de se faire remarquer. Véritable label couleur de la femme ou plutôt de la fillette, puisque c'est à son plus jeune âge qu'elle se voit vêtue de rose des chaussettes au bonnet, installée dans le petit lit rose de sa jolie chambre, parfois elle aussi tapissée de rose. Cela ne vous viendrait pas à l'idée d'habiller un petit garçon en rose de la tête aux pieds ? Et bien c'est tout pareil pour la chambre du petit garçon, le rose n'est pas coutume. Et c'est sans parler de l'homme qui porte du rose, immédiatement ça fait jaser. Pourquoi ? on se le demande, finalement, car l'inverse n'est pas vrai, une femme peut porter du bleu sans qu'on y voie jamais le signe d'une masculinité déplacée. C'est vraiment trop injuste : non content d'avoir rayé du répertoire les jupes et les robes pour ne faire porter à Jean-Charles que des shorts et pantalons, voilà qu'on lui ôte purement et simplement une couleur dans la palette des possibles ! Bref, désolées chers amis, mais la femme a bel et bien squatté le rose en en faisant « sa » couleur. Féminine, libertine, coquine, enfantine, gourmande, la couleur qui symbolise (ou plutôt caricature) la femme est capable de tous les excès, et on lui passe tous les caprices.

En décoration, comme c'est le cas pour le violet, il faut distinguer deux teintes bien distinctes : le rose pâle et le rose foncé ou fuchsia. Dans les tons Chamallows, le rose pâle est la couleur de la tendresse, de la douceur, de l'enfance : on est effectivement en plein dans la guimauve (attention, la frontière du mièvre et du ridicule n'est pas loin). Dans les tons plus rouges et plus « juteux », on trouve la framboise « écrasée », le fuchsia ou encore le pétillant rose fluo. Pas du tout le même registre d'influence, c'est le fameux rose *shocking*, le rose du flirt, le rose glamour chic et choc qui s'exprime. Ce rose plus soutenu passera de la chambre des enfants (où le rose pâle préside s'il s'agit de filles) à la chambre des parents (si Jean-Charles ne s'en sent pas exclu pour autant), mais viendra surtout décorer des pièces comme les toilettes (façon sex shop), le salon/salle à manger avec gros parti pris « déco boum ». C'est sûr, on réfléchit un minimum avant de repeindre son salon en framboise écrasée : on ne choisit pas le rose, on l'« ose », mais c'est pas interdit (pour info, le salon/salle à manger de notre chère Chantal Thomass est rose bonbon libertin et se porte très bien). Dans la cuisine, le rose n'a pas du tout la cote, et si vous optez malgré tout pour du rose, histoire de faire pas comme les autres, bon courage, vous risquez de galérer sévère pour trouver des accessoires dans le ton. Pour remédier à ces questions purement pratiques, mieux vaut éviter le rose aux fourneaux, sauf si vous avez véritablement besoin de prouver à Ronaldo quelque chose dans le genre : « Tu vois bien je suis une fille… et j'habite seule (et promis je changerai la couleur des murs si tu t'installes). » Cela étant dit, le rose a son mot à dire (forcément) côté gastronomie, et s'il délaisse votre modeste cuisine c'est pour mieux s'exprimer ailleurs, dans les restaurants, salons de thé et épiceries fines de luxe et/ou branchées. Opéré en 2007 par l'architecte et designer Christian Biecher, le relooking des boutiques Fauchon à grands coups de fuchsia fluo en est une preuve éblouissante – elle aurait fait doubler les ventes et la fréquentation des établissements.

Le marron dans la masse

Couleur du bois, du cuir, des fibres naturelles… à coups de parquet, de rampes d'escalier, de canapés en cuir ou de chaises en osier, qu'on le veuille ou non, le marron se taillera toujours une place dans nos maisons.

Symbole de la terre, humus et nature vivante, le marron est sensuel, réconfortant. On le patine, on le fait briller, on le cire, on l'astique, bref on le cajole sans arrêt et, au bout du compte, on s'y attache.

Couleur et matière particulière, elle sait se tenir discrète si besoin. Comme un caméléon, le marron s'accommode à tous les décors et au voisinage de toutes les couleurs dont il est finalement le savoureux mélange. Si vous dépassez le marron matière pour introduire du marron couleur dans vos pièces, sachez faire le tri, car la gamme est aussi vaste que celle d'un bon glacier italien : chocolat, café, praliné, noisette... De façon générale, plus le brun est foncé, plus c'est chic et tendance ; s'il est rouge, orangé ou clair, c'est une autre histoire...

Le noir chic

Valeur importante en décoration, le noir est souvent associé aux matières laquées, lustrées ou réfléchissantes (verres teintés, matériel hi-fi) puisqu'il puise justement son éclat particulier dans le peu de lumière qu'il renvoie. Il est plus souvent illustré dans des intérieurs masculins et toujours accompagné d'aménagement design et de mobilier contemporain. Chic et sophistiqué dans une entrée, austère et rigoureux dans un bureau, à la fois mystérieux et luxueux, le noir fascine, force le respect, mais ne connaît pas le médiocre. Inutile de choisir du noir en espérant gagner trois étoiles au classement Michelin de votre appartement si c'est pour mieux faire ressortir les poils de votre chat angora sur le canapé, les miettes de pain sur la moquette ou vos cheveux blancs sur la housse de couette. Le noir se doit d'être nickel, ou rien.

Le blanc propre

Couleur emblématique de la propreté et de la virginité, le blanc comme neige recouvre d'une épaisse couche pure et douce tous les intérieurs qui savent en user. Devant tant de pureté on ne peut que souffler, se détendre, se retrouver. Ouf ! c'est sans aucun doute avec le blanc qu'on pourra le plus facilement vous démontrer l'influence qu'opèrent réellement les couleurs sur notre moral. Besoin de faire du propre, de dégager la piste, d'y voir plus clair ? La réponse c'est le blanc. Besoin de calme, de sérénité, de se vider la tête ? Le blanc met à votre disposition ses vertus relaxantes et apaisantes. Outre l'effet d'optique selon lequel le blanc « agrandit l'espace » (à prendre au second degré), le blanc a pour effet physique (bien réel celui-là) d'accroître la luminosité d'une pièce. En toile de fond de la plupart des décors, le blanc demeure aussi la couleur passe-partout, la couleur neutre qui n'en est pas une, l'option sans risque : « pour les murs et les draps on prend du blanc, pour le reste on verra… ». C'est seulement quand on fait du blanc un parti pris qui va bien au-delà de la simple peinture des murs en couleur « rien » que le blanc révèle tout son potentiel lumineux, éclatant, à la fois simple et super-chic. Attention cependant à ne pas virer vers le blanc Javel éclairé plein phares façon néon d'hôpital : le blanc, ça se travaille, ça se teinte par petites gouttes, ça se mérite…

Une question de style

Si vous parlez décoration, derrière les mots « style », « époque », « influence » et « néo-machin », gravite un vaste jargon nébuleux qu'il est parfois utile de maîtriser, moins pour éviter les fautes de goût que les fautes de français.

L'inventaire des styles du mobilier français en deux dates et trois mots

Haute Époque (1300-1500)

– meubles en chêne lourds, gothiques, massifs,
– drapés sur les assises pour les sièges,
– beaucoup de coffres.

Renaissance (1515-1590)

– meubles en noyer,
– ornementations en forme de feuilles,
– pieds et portes richement sculptés.

Louis XIII (1590-1660)

– placages en ébène,
– meubles des plus simples (formes en H) aux plus sophistiqués (pieds torsadés),
– sièges recouverts de velours, de cuir ou de tapisserie.

Louis XIV (1661-1715)

– bois aux couleurs variées,
– André Charles Boulle, figure emblématique de cette période,
– âge d'or de la marqueterie, du bronze et de l'ébénisterie.

Louis XV (1715-1760)

– bois exotiques,
– style « rococo » orné de « rocailles » (coquillages, rochers, vaguelettes),
– lignes courbes (dossiers et sièges arrondis, pieds en S).

Louis XVI (1760-1789)

– bois d'acajou à la mode,
– formes plus épurées, pieds rectilignes et fuselés,
– bronze et cuivre sur les plateaux des tables et les pieds des meubles.

Empire ou Napoléon (1804-1815)

– bois clair,
– lignes droites, pied de table central, angles vifs,
– motifs guerriers et égyptiens marqués par Napoléon et la campagne d'Égypte.

Louis-Philippe (1830-1847)

– essences sombres (acajou, ébène) ou bois peint en noir,
– angles arrondis (fauteuils aux accoudoirs bombés et au dossier cintré),
– tissus à franges.

Second Empire ou Napoléon III (1848-1870)

– bois très sculptés et incrustés (de cuivre, de nacre, de porcelaine, d'émail),
– décor théâtral dans les rouges et ors,
– meubles montés sur petites roulettes.

Art nouveau, « 1900 » ou style « nouille » (1900-1925)

– travail du métal dans un contexte de révolution industrielle,
– meubles pratiques et fonctionnels,
– Hector Guimard signe le Métropolitain ; Émile Gallé, Auguste et Antonin Daum et autres disciples de l'école de Nancy marquent cette période.

Art déco ou école de Nancy (1920-1940)

– production industrielle et design consacrés par l'Exposition universelle de 1925,
– mobilier traditionnel aux formes simplifiées, épurées, géométriques,
– commodes souvent galbées en façade.

Pop art, années « 1950 »/années « 1970 »... (1950-1980)

– nouvelle utilisation du plastique dans le mobilier,
– euphorie de couleurs vives et motifs floraux « soixante-huitards » (la marguerite),
– inspiration de l'iconographie populaire (pop), de l'imagerie publicitaire et des médias.

Faites votre cahier des styles !

Bien loin de toutes ces considérations sémantico-stylistiques, un modeste carnet de notes peut vous permettre de cerner un peu mieux votre style, afin de le définir. Consignez avant tout dans un petit catalogue illustré ce que vous aimez mais aussi toutes les étapes de votre projet, vos notes, croquis, coordonnées utiles, etc. Dans le jargon déco-pro, cette compilation personnelle réalisée à coups de ciseaux, bouts de Scotch et gribouillis frénétiques dans tous les sens s'appelle un « cahier des styles ». Vraiment très (très) utile pour parler à un architecte sans qu'il vous regarde de travers, indispensable pour illustrer votre propos devant un maçon qui a du mal à saisir votre accent béarnais, essentiel pour faire comprendre à Jean-Charles qui vous êtes au fond… et jusqu'où vous êtes prête à aller s'il vous donne carte blanche sur le budget !

Mode d'emploi en 9 points

1. Rassemblez des dizaines de magazines, catalogues, etc.

Attention ! pas le *Petit Larousse illustré* en 10 volumes ni la collection complète d'« Interior Design » que Fred collectionne amoureusement depuis ses origines : vous risquez de ne pas pouvoir les restituer intacts après leur passage sur la table à découper.

2. Installez-vous confortablement

Avant de passer à l'attaque, installez-vous comme une pro et rassemblez le matériel sur une grande table : magazines, catalogues, documentation, échantillons de tissus, Post-it, paire de ciseaux qui coupent bien, colle et/ou Scotch, et, bien sûr, un grand et joli cahier tout beau, tout propre.

3. Découpez tout ce que vous aimez dans les pages

Tout, absolument tout ce que vous aimez, de la couleur qui vous plaît à la matière qui vous fait rêver, en passant bien sûr par les aménagements que vous trouvez sensationnels, le mobilier parfaitement adapté à votre situation, etc. Photos, reportages et publicités illustrent 1001 décorations, sources intarissables d'inspiration. Attention pour les visuels publicitaires, sachez faire la part des choses : le canapé ne sera pas livré avec le top model allongé dessus, les reflets du soleil ne sont pas garantis par la pose d'un parquet vernis Saint-Maclou, et la bouteille de champagne n'est pas non plus vendue avec le plan de travail d'une cuisine Mobalpa. Ça se saurait.

4. Rassemblez votre documentation par thèmes

Classez les échantillons de magazine par thèmes en fonction des pièces ou projets déco que vous envisagez (la chambre, la cuisine, etc.) ou de ce qui vous a poussé à les découper (la couleur, le motif, la matière, le mobilier, l'aménagement de la pièce, le revêtement de sol, la bonne idée, etc.). Ajoutez des morceaux de tissus ou de matières que vous appréciez.

5. Conviez le petit comité impliqué dans votre décoration

Votre chéri, votre mari, vos ados, vos amis... tout ce petit monde a peut-être son mot à dire sur le sujet déco de l'appartement. Présentez-leur votre cahier et prenez le temps de les écouter, ils peuvent être de bon conseil et vous éviter de mettre en œuvre des idées farfelues qui ne tiennent pas la route ni le budget.

6. Assurez-vous que chacun a sa place

Pour garantir la santé psychologique du foyer, chacune des personnes vivant sous le même toit doit avoir sa place dans le lieu. Une chambre, une pièce ou un coin de pièce qui lui soit dédié, ne serait-ce qu'un meuble qui sera « les affaires à ne pas toucher » de papa, « le bureau à ne pas déranger » de maman, etc. Interviewez les principaux intéressés sur le sujet et faites au moins semblant de prendre en compte leurs commentaires pour la suite des opérations : notez soigneusement l'avis de chacun ! Après, vous en ferez ce que vous voudrez.

7. Pensez à tous les intérieurs que vous avez aimés

Dressez une liste de toutes les bonnes idées déco que vous vous souvenez avoir vues chez les uns et les autres, ou en voyage, ou dans des films, ou rien qu'en rêve. Profitez-en, c'est la dernière étape virtuelle qui n'engage à rien, après on parle de choses sérieuses, on achète et on se retrousse les manches (on n'est pas là pour rigoler)...

8. Estimez votre budget et définissez votre planning

Un chiffre : combien êtes-vous prête à dépenser et quelles sont les priorités ? (Votre chambre avant ou après tout le reste ?)
Une date : quand pouvez-vous vous consacrer à mettre en œuvre votre projet déco (de façon réaliste et sans inclure une once de travail de nuit) ?

9. Partez en voyage déco stylistique

Engagez l'agréable lèche-vitrine déco, c'est enfin le moment de mettre le nez dehors. En fonction de vos styles de prédilection, pensez aux brocantes, vide-greniers, achat sur Ebay, récupération ou non du mobilier de tante Yvonne, etc. Et, bien sûr, n'oubliez pas le passage obligé dans les « grands magasins », pros de la décoration et du petit mobilier (Ikea, Habitat, Alinéa, etc.) où il y a toujours des idées à piquer et des choses à trouver quels que soient les styles.

10 IDÉES REÇUES SUR LA COULEUR ET LE STYLE : VRAI OU FAUX

1. Les goûts et les couleurs ne se discutent pas

Vrai : si vous aimez le gras du jambon, la croûte du camembert, la dentelle déchirée et le caca d'oie défraîchi, c'est un fait parfaitement indiscutable (et un goût tout à fait cohérent). Si le salon de tante Yvonne *made in Conforama* n'est vraiment pas votre tasse de thé, vous irez le boire ailleurs. Si votre sol en béton ciré et vos murs couverts de papier journal déplaisent à vos parents, ce n'est pas une raison valable pour qu'ils refusent de se porter caution de votre location. Et si la biche en plastique que Ronaldo a posée sur la cheminée vous déplaît, il va falloir lui expliquer gentiment mais fermement que ce n'est pas sa faute...

Faux : sans être impolie, une couleur peut quand même jurer avec une autre et sans vous ôter trois points sur le permis, la faute de goût vous alignera peut-être un jour. Discutable l'étagère en bois blanc accolée au buffet acajou Louis-Philippe. Discutable la lampe de chevet posée sur la télévision elle-même posée sur la commode au milieu du salon. Discutable l'éclairage de votre salle à manger à coups de barres de néon blafard. Remettez de temps en temps vos couleurs en question et votre décoration au banc d'essai des critiques, c'est souvent de cette fameuse « discussion » que sortiront les plus belles solutions.

2. Qui se ressemble s'assemble

Vrai : en déco, l'assemblage des semblables s'appelle « homogénéité des styles », « gamme », ou encore « harmonie » (de couleurs, de motifs, de matières). Pour éviter les faux pas et les mauvais assemblages si vous n'êtes pas trop sûre de vous, la solution de facilité et la garantie d'une décoration cohérente est effectivement de grouper le tir et de n'acheter son mobilier ou ses accessoires de décoration que dans un seul et unique magasin.

Faux : comme dans un couple, la formule « qui se ressemble s'assemble » n'est pas la garantie du succès sans failles, ça se saurait. Bien maîtrisé, le mariage des contraires et le panachage des styles sont capables de véritables miracles d'originalité en décoration : jouer les contrastes de couleurs, associer des styles *a priori* peu faits pour se rencontrer, mettre en scène de l'ancien dans un cadre contemporain ou du moderne dans un cadre classique...

3. L'habit ne fait pas le moine (ou la robe ne fait pas la nonne)

Vrai : ce n'est pas parce que votre salon est éclairé à la bougie que Ronaldo s'y sentira forcément comme sur une plage d'Acapulco. Ce n'est pas en tapissant la chambre de bébé avec des moutons roses trottant à la lueur d'une veilleuse bleue que celui-ci dormira comme la Belle au Bois. Ce n'est pas en achetant le service de table Fornasetti complet et un lustre à quatre étages que vos dîners de gala seront grand style garanti. Hé non… si le moine n'est pas chic sous l'habit, ni la nonne choc sous la robe, on vous confesse que ça ne passera pas.

4. Noir c'est noir

Faux : l'ombre est l'écrin de la lumière et le noir peut reluire de mille feux. Si vous voulez disserter brillamment sur le sujet avec Jean-Charles (qui ne comprend toujours pas pourquoi c'est toujours éclairé à la bougie quand il arrive), la lecture attentive de l'essai de Tanizaki (*Éloge de l'ombre*) vous est vivement recommandée.

5. Le blanc c'est toujours sale

Vrai : OK, OK, une tache sur fond blanc ça se voit, surtout si c'est du boudin créole, du cambouis de Vélib' ou des œufs de lump écrasés…

Faux : à la question de savoir si le blanc n'est pas la couleur salissante par excellence plutôt que le reflet du propre lumineux, on rappellera que l'eau de Javel et l'aspirateur existent, que le noir aussi c'est salissant (voire pire) et que, sur fond blanc, des taches ici ou là, des marques d'usure ou autres indices de chocs visibles peuvent contribuer à donner du relief au blanc sans lui ôter pour autant sa virginité.

6. Le rose ça fait « fille »

Vrai : on y peut rien mais c'est comme ça, même si finalement lesdites filles ne le portent presque jamais, le rose est associé à la féminité, depuis la nuit des temps.

7. Le bleu ça fait bateau

Vrai : on ne va pas revenir sur la question, mais il faut bien reconnaître que le décor marin (« Côté Ouest » ou bord de mer typique) porte le bleu comme un poisson dans l'eau.

8. Le rouge c'est *too much*

Faux : allez, même si vous n'êtes pas sûre que Jean-Charles appréciera le nouveau look Charlotte aux fraises du *living room*, ça n'est pas non plus le comble de l'excentricité, alors on se détend, on souffle un grand coup et on ouvre le pot de peinture…

9. Un meuble de style est un meuble d'époque

Faux : comme son nom l'indique, un « meuble d'époque » date d'une certaine époque, il est relativement ancien. Un « meuble de style » ne fait que reproduire les caractéristiques stylistiques d'une époque donnée, c'est en quelque sorte une copie. Quant à un « meuble qui a du style » (c'est-à-dire du « chien », du « caractère », etc.), libre à vous d'en juger.

10. Un cahier des styles est un manuel d'histoire de l'art

Faux : un cahier des styles est un cahier où est consignée toute la documentation qui inspirera votre décoration d'intérieur (et la prochaine fois qu'on vous surprend à sauter des pages on vous demandera de reprendre la lecture depuis l'avant-propos, vous êtes prévenue).

chapitre 2

Comment habiller vos murs, avec ou sans peinture

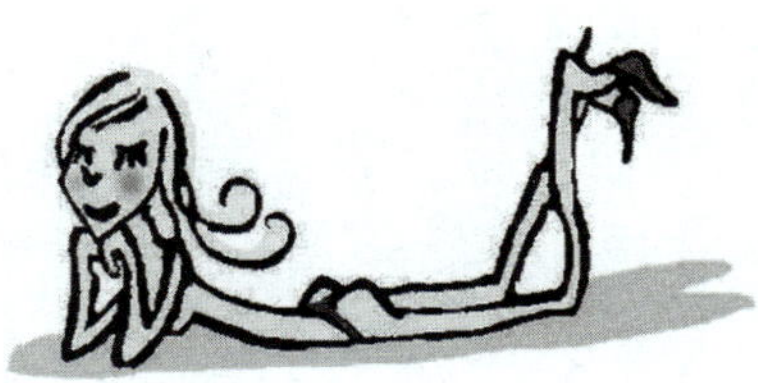

Qui vous a dit de repeindre les murs ?

« Il faut tout repeindre ! » C'est le cri du cœur... Que l'on déménage, que l'on emménage, que l'on entreprenne de refaire sa déco de fond en comble ou de donner un vrai coup de propre à son appartement, ce fameux « coup » (de peinture) est un véritable passage obligé. Pourquoi ? Souvent parce que vous n'avez pas le choix si vous êtes locataire et que vous devez rendre les clés de votre appartement en échange d'un état des lieux irréprochable (sans quoi vous pouvez dire adieu à veaux, vaches, cochons et, accessoirement, à vos trois mois de caution). Ensuite (un peu comme les chiens qui ont besoin de marquer leur territoire...) parce qu'on ne se sent pas vraiment chez soi tant qu'on n'a pas donné « son » coup de peinture dans tous les coins, surtout quand on emménage entre quatre murs dont la couleur et l'aspect laissent à désirer (genre pas coiffés, pas lavés et pas rasés depuis des mois). Enfin parce que si vous ne le faites pas une fois de temps en temps, personne ne le fera à votre place, et vous serez finalement condamnée à déménager pour goûter au plaisir de faire peau neuve (ce qui pour finir est beaucoup plus compliqué et bien moins économique que l'achat d'un pot de peinture).

Comment repeindre vos murs pas comme les autres

Petit palmarès des peintures

« La peinture monocouche : un minimum d'effort pour un maximum d'effet ! »

La peinture monocouche est la peinture de la paresseuse par excellence : *number one* au palmarès des peintures murales. Au moins les choses sont claires, c'est marqué sur l'étiquette, on va vraiment pouvoir en faire deux fois moins grâce à cette texture épaisse effectivement deux fois plus couvrante que les peintures classiques.

Pour obtenir des teintes parfaites et garder longtemps sa peinture sans qu'elle s'écaille, les puristes de la peinture « duocouche » vous diront qu'il n'y a rien de mieux que la bonne vieille méthode, c'est-à-dire :

- nettoyage des murs (éponge, eau et lessive),
- rebouchage des trous (enduit et palette),
- grattage et ponçage de l'enduit sec sur les trous rebouchés (papier de verre),
- une couche d'apprêt (ou couche de peinture qu'on met « avant », pas après...) pour préparer le mur,
- deux couches de peinture.

Sauf que les puristes nous embêtent un peu avec leurs conseils de pros. À moins qu'ils nous proposent de repeindre carrément les murs (en apportant le matériel et en mettant leur science infuse à notre disposition), la perspective d'y passer des heures avant d'appliquer le pinceau n'est pas très engageante... Cela dit, reconnaissons quand même trois limites à la peinture monocouche :

1. *Primo*, il ne faut pas lui demander la lune : si vos murs sont sales, grisonnants ou de couleur vives, une simple couche de monocouche blanche ou de couleur claire ne suffira pas à leur donner un aspect impeccable ; il faudra soit appliquer deux couches, soit lessiver préalablement les murs à l'éponge avec eau et lessive (c'est là que l'incontournable « St-Marc pin des Landes » entre en scène).

2. *Secundo* : très épaisse et de séchage rapide, la peinture monocouche doit toujours être bien étalée (pour éviter les traces de gouttes en relief) et appliquée de façon bien uniforme partout (pour éviter les différences de couleur).

3. *Terzio*, sachez que la peinture monocouche (qui vous permet d'économiser une couche dans la plupart des cas) est généralement un peu plus chère que les autres (normal). Comptez environ 30 € le pot de 2,5 litres.

« Je prends brillant, mat ou satiné ? »

- Choisissez brillant si vous avez besoin de nettoyer souvent et facilement vos surfaces à l'éponge (on vend du mat lavable mais ça reste toujours moins performant que du brillant de base).
- Choisissez mat si vous voulez lisser les aspérités d'un mur criblé de bosses et d'imperfections (le mat gomme les reflets).
- Choisissez satiné si entre brillant et mat votre cœur balance (résultat : l'option satinée, mi-figue mi-raisin, est la plus souvent retenue).

Rien ne vous empêche d'associer mat et brillant mais pas n'importe comment ! Même ton sur ton, un coup de pinceau brillant sur un mur mat se voit comme le nez au milieu de la figure…

Pour protéger les murs d'une chambre d'enfant ou imperméabiliser des zones d'éclaboussures (autour de la baignoire, évier, W-C, etc.), vous pouvez choisir du « brillant sélectif » sur fond mat.

Pour rendre une pièce plus lumineuse et lui donner du volume, vous pouvez repeindre vos murs en mat et votre plafond en brillant, mais attention à ne pas mélanger les deux sur le même mur.

« Blanc ou couleur ? »

- Si vous prenez du blanc, évitez le blanc d'hôpital…
  Surtout si vous êtes une monomaniaque de la monocouche, mieux vaut teinter votre blanc, ne serait-ce que très légèrement afin qu'il soit moins agressif à l'œil et plus couvrant, donc plus facile à tartiner sur un mur en une seule couche,

- Si vous avez envie de couleur, pourquoi pas, mais peut-être pas du rouge partout…
  Pour un résultat instantanément déco, le plus chic consiste à peindre un seul mur de la pièce en une couleur vive qui, attirant sur lui toute l'attention, fera oublier la pâleur (laideur, froideur, cradeur… on arrête-là !) des trois autres.

Petit tour de piste des pinceaux

La peinture au pinceau

Indispensable pour aller trifouiller dans les coins et travailler les détails, mais inefficace pour repeindre toute une pièce, le pinceau n'est finalement pas l'outil essentiel d'un projet de peinture à grande échelle. Pour ne pas vous retrouver « au bout du rouleau » devant des résultats médiocres, n'envisagez même pas une seconde de repeindre vos murs exclusivement au pinceau, aussi large soit-il.

Et Dieu inventa la peinture au rouleau

La technique la plus souvent utilisée est celle de la peinture au rouleau qui reste effectivement *number one* au palmarès des techniques faciles.

Voici quelques astuces pour vous rendre la vie encore plus facile avec un rouleau en main :

1. Achetez autant de rouleaux que de peintres à l'action en même temps (il n'y a vraiment rien de pire que de se passer le matériel perché sur une échelle avec un pot de peinture entre les jambes et un pinceau dans les dents).
2. Évitez de tremper le rouleau directement dans le pot pour ne pas en mettre partout par terre et former de grosses couches impossibles à étaler sur les murs (rapport à la consistance de la peinture proche de la bouse de vache élastique).

3. Jetez les rouleaux une fois que le chantier peinture est terminé. Tout au plus, vous pouvez garder les manches mais pas la partie moussue-poilue que vous allez mettre des heures à nettoyer pour un résultat médiocre et encombrant (statistique officielle : une paresseuse repeint son appartement tous les trois ans).

Et la peinture à l'éponge ?

Très en vogue (surtout dans les années 1980 quand tout le monde voulait donner à son intérieur un aspect patiné Provençal pur jus), la peinture à l'éponge ou à l'essuyé est rapide à réaliser et *number one* au palmarès des techniques ludiques.

Avec une éponge devant le mur de vos W-C, la corvée de peinture devient un vrai projet artistique (vous êtes ni plus ni moins comme Monet devant ses *Nymphéas*). Surtout si la surface à repeindre est petite…

Si vous n'avez jamais pratiqué cette technique, il est vivement conseillé de choisir un mur cobaye (celui des toilettes est en effet le plus souvent retenu) et de tester vos mélanges, éponges et coups de main.

Car il s'agit de trouver :

1. **la teinte** qui convient (dosages plus ou moins dilués de la couleur),
2. **le rendu** qui vous plaît le plus (choisissez de bonnes grosses éponges, même avec la meilleure volonté du monde, les Tampon Jex et autres gratounettes sèches et décapantes seront bien incapables de faire des bisous baveux à votre mur…),
3. **la technique** appropriée (voir mouvements ci-après).

Pour appliquer la peinture à l'éponge, il existe différents mouvements et techniques :

- **le mouvement « pschitt »**, qui consiste à presser légèrement l'éponge sur le mur pour le couvrir de marbrures ;
- **le mouvement « essuie-glaces »**, qui revient finalement à laver le mur à la peinture avec une éponge en laissant des traces de type essuie-glaces un peu partout ;

- la combinaison des deux techniques, qui permet d'appliquer une première couche couvrante façon « essuie-glaces » et une seconde couche pixellisée façon « pschitt ».

La technique des meilleurs amis

Faites de votre jour de peinture un jour de fête, car plus on est de fous plus on rit (et plus on va vite !).

LA FORMULE QUI MARCHE À TOUS LES COUPS

Ci-dessous, en exclusivité, la formule magique pour que cette technique conviviale des meilleurs amis, des peintres du dimanche ou du jour de fête vous assure de repeindre les lieux en une journée, ni plus ni moins :
Calculez les surfaces à repeindre (murs et plafonds). Pour chaque surface de 30 m^2 à repeindre, comptez 1 pot de peinture monocouche (2,5 litres).
Conviez un meilleur ami, de préférence grand (beau, ça ne gâche rien) et fort.
Prévoyez un rouleau, un pinceau et une éponge par meilleur ami.
Réservez un week-end sur votre agenda.

Préparez les lieux le samedi

1. Déménagez tous les objets de valeur et le matériel fragile en lieu sûr (téléviseur, ordinateur, etc.). Avec petite mention spéciale pour la chaîne hi-fi qui peut changer de pièce mais ne doit surtout pas finir au fond d'un carton (car, comme dit la chanson, « repeindre c'est plus marrant… en chantant »).
2. Mettez tout le reste dans des cartons en précisant *grosso modo* le contenu (« livres de l'étagère n° 1 », « CD de l'étagère n° 2 », « bazar de la commode n° 3 »…) et en jetant si possible un max au passage (« bazar de la commode n° 3 » : direct dans la poubelle verte).
3. Déplacez tous les meubles au centre des pièces à repeindre pour dégager les murs et recouvrez-les de bâches en plastique. Bien protégé,

cet îlot central servira de table (et d'*open bar*) où poser la peinture et les pinceaux (les bières et les pizzas, à la fin seulement).
4. Collez du Scotch en papier sur toutes les parties à ne pas repeindre : les vitres, les étagères et les rebords de la cheminée (dans le salon), la robinetterie et le bord des miroirs (dans la salle de bains), les appliques et les rangements (dans la chambre). Sans oublier tout ce que l'on touchera forcément avec des mains sales pendant la journée : les poignées, la porte du frigo (sans oublier l'embout de la chasse d'eau des W-C).
5. Protégez les sols avec des bâches en plastique ou de grands cartons à plat. Si vous avez prévu de repeindre aussi les sols, protégez-les quand même un minimum, car la très grosse goutte de peinture qui laisse une très grosse bosse après séchage ou que tout le monde trimbale dans le reste de l'appartement, c'est la fameuse goutte poisseuse qui fera déborder le vase de votre patience…

Conviez les heureux volontaires le dimanche

Voici le programme du dimanche en 8 heures top chrono !

- À 10 h, préparez un chaleureux brunch : café, croissant pour tout le monde (on ne travaille pas bien le ventre vide, surtout à moitié réveillé).
- À 11 h, mettez dans les mains de chacun un rouleau, une éponge, un pinceau, un pot de peinture et un objectif (pièce A, mur B, couloir C, etc.).
- À 13 h, commandez autant de pizzas que de personnes.
- À 14 h, reprenez le travail en chantant (c'est là que la chaîne hi-fi doit impérativement être accessible pour parer au petit coup de barre post-pizzatoire).
- À 16 h, proposez une pause générale (on n'est pas des sauvages) et profitez-en pour faire un état des lieux de ce qui reste à faire pour que tout soit effectivement bouclé en 2 heures quoi qu'il arrive.

- À 18 h, pendant que vos meilleurs amis se lavent les mains (après avoir nettoyé les pinceaux, sorti les poubelles et rangé tout le matériel), débouchez du champagne et servez un bon apéro de chantier cinq étoiles.

AUCUNE RÉCLAMATION NE SERA PRISE EN COMPTE

Ndlr **: nous n'accepterons aucune réclamation sur cette technique conviviale du dimanche au demeurant très efficace. Si la peinture de vos pièces ou de votre appartement n'est pas terminée en une journée d'action communautaire, c'est que vous n'avez pas bien calculé vos surfaces à repeindre (voir formule ci-dessus) ou vraiment pas assez de meilleurs amis.**

La technique des petits mais costauds

La technique du mercredi ou technique des petits consiste à considérer les enfants (les vôtres ou, si vous n'en avez pas, ceux de vos copains) comme une équipe de peintres en bâtiment très motivée... Ensuite vous n'avez qu'à acheter quelques pots de peinture à l'eau, avaler d'office une dose d'Oméga 3 et faire comme si tout allait bien se passer (qui ne risque rien n'a rien).

Cette puéri-technique (effectivement un peu kamikaze sur les bords) peut vous donner des résultats instantanés absolument magnifiques. Côté organisation, c'est à la fois périlleux et simplissime : vous n'avez pas à faire garder vos enfants pour éviter qu'ils viennent mettre de la peinture absolument partout, car « en mettre partout », c'est précisément ce que vous allez leur demander, pour le meilleur mais aussi pour le pire... Puisque « qui ne risque rien n'a rien », risquons donc, et soyons prêtes à tout.

Les pièces qui peuvent être prises en main par vos enfants

À moins d'être vraiment très (baba) cool, on vous déconseillera vivement de confier aux enfants la peinture du salon, de la salle à manger ou de votre chambre à coucher.
Les pièces qui se prêtent le plus à ce genre d'expérience peinturluresques sont…

- bien évidemment la chambre ou salle de jeux des enfants (laissez-les aller gaiement puisqu'elle finira de toute façon couverte de bouillages partout) ;
- le bout de couloir sombre ou l'entrée exiguë dont on ne sait pas très bien quoi faire (là non plus, vous n'avez rien à perdre) ;
- la cuisine si vous ne savez pas comment animer un morceau de mur non couvert de carrelage ni de mobilier (vous pouvez toujours tenter le coup, ça sera difficilement pire que des éclaboussures de sauce bolognaise sédimentées) ;
- la salle de bains en ne sélectionnant que des peintures dans les verts et bleus (ça vous donnera l'impression de maîtriser un minimum le rendu final) ;
- enfin les W-C bien sûr, la petite pièce cobaye par excellence que l'on ne va tout de même pas repeindre en blanc tout bête, c'est toujours mieux quand la déco y est originale et ludique ! Même si c'est complètement raté, vos amis sortiront de là ravis, légers, et complètement dépaysés (franchement, que demander de plus à des toilettes ?).

Techniques conseillées et conseils techniques pour la peinture par les petits…

On vous aura prévenue : même si vous êtes prête à tout inventer pour éviter d'avoir à repeindre les murs toute seule comme une grande, faire faire la peinture par des petits ne marche pas à tous les coups. Le résultat

esthétique dépend de 1001 variables absolument incontrôlables : la peinture choisie, l'humeur des juniors, le temps qu'il fait, l'âge du capitaine...
Mais une chose est sûre : en valorisant leur coup de pinceau de façon indélébile, vous offrirez aux enfants une expérience absolument inoubliable – ce qui n'a pas de prix (à vous d'expliquer ça comme il faut à Jean-Charles quand il rentrera du boulot le mercredi soir).

Le thème 100 % libre : chaque enfant a le droit de faire ce qu'il veut avec les couleurs qu'il veut... Votre travail consistera essentiellement à savoir quand dire « stop ».
Si vous donnez plusieurs couleurs différentes à plusieurs enfants, il faudra impérativement les arrêter juste avant que toutes les teintes se mélangent en un vaste magma marron (ou marronnasse) général.

Les mains au mur : de magnifiques résultats ont été observés avec cette technique de peinture murale « à la main ». Chaque enfant trempe sa main dans une couleur et la pose sur le mur à décorer. Ainsi on peut jouer les superpositions sans que tout se mélange, personne ne se dispute le même pinceau (pas de pinceaux dans l'histoire, d'ailleurs), et chacun peut donner son coup de main (small, medium, large).

Le monochrome : c'est une option pour limiter les dégâts, parer aux disputes (même couleur et même pinceau pour tout le monde) et éviter les mauvais mélanges (à convergence caca d'oie). Étrangement, au bout de quelque temps, le mur couvert de graffitis monochromes prend des allures de galerie d'art contemporain, très chic.

L'impression au jet d'encre : il s'agit de tremper le pinceau dans la peinture et de projeter des traces sur le mur sans jamais le toucher. Idéal pour canaliser des ados qui pourront se lancer dans une joyeuse partie de *paint ball* en appartement (pas top si la télé, l'ordinateur et la veste en daim de Jean-Charles sont aspergés au passage). Cette technique, inspirée par la peinture gestuelle (ou *action painting*) de Jackson Pollock (1912-1956), est représentative de l'expressionnisme abstrait et de l'automatisme surréaliste (à vous d'expliquer ça à Jean-Charles quand il retrouvera sa veste en daim le mercredi soir…).

L'option limitation des dégâts : si vous ne vous sentez pas de donner vos murs en pâture à vos enfants, laissez-les pratiquer le *dripping* à la sauce Pollock (projection de couleur sur la toile posée au sol) ou peindre ce qu'ils veulent au pinceau sur de grandes feuilles, et vous afficherez les plus beaux dessins à la manière de papier peint (voir technique du papier journal collé verni, page 64).

La solution tag

C'est un peu l'équivalent de la technique du mercredi avec, à la place des petits chéris en culotte courte, de grands ados en manque de carnage couleur à la maison.
Si vous doutez de vos capacités à vous exprimer avec une bombe de couleur indélébile dans chaque main, et si vous excluez l'idée de confier la tâche aux plus jeunes, vous pouvez contacter des « graffeurs » ou « tagueurs » professionnels *via* Internet. Idéal pour plonger votre salon dans une ambiance de station de métro new-yorkais ou pour créer dans une pièce un mur défouloir de gribouillis graphiques. Cela s'appelle de l'« art urbain » (à vous d'expliquer ça à Jean-Charles quand il rentrera du boulot, surtout s'il croise le grand blond armé d'une bombe de peinture rouge qui vient d'écrire *La Marseillaise* en corps 512 sur les murs de la salle à manger).

Le pochoir

Une technique 100 % paresseuse pour décorer vos murs :

- vous n'avez pas besoin de repeindre tous les murs, seulement les parties apparentes (ce qui fait déjà 50 % de boulot en moins),

- vous n'avez pas besoin de déplacer vos meubles : un même motif de pochoir (réutilisable à l'infini) peut recouvrir une armoire et ses alentours ; vous pouvez ainsi intégrer à votre décoration murale votre mobilier modeste,
- vous n'avez pas besoin de savoir peindre ni dessiner pour décorer vos murs, il vous suffit de choisir un motif et d'appliquer le pochoir sur le mur (ensuite vous pourrez prétendre avoir peint tout ça vous-même, ce qui ne sera pas faux non plus).

Pour créer une scénographie murale et décorer vos murs sans déplacer vos meubles, peignez carrément dessus et/ou tout autour à l'aide de pochoirs de toutes sortes. Au hasard :

- les branches d'un arbre qui sortiraient de derrière le canapé,
- le prénom d'un enfant en face de son bureau,
- une citation littéraire qui apparaîtrait comme posée sur une étagère,
- un motif arabisant pour donner à une porte des allures de moucharabieh,
- une peau de léopard en guise de tête de lit... À vous de voir !

BON À SAVOIR

Avant d'entreprendre l'impression de vos murs au pochoir, veillez à bien caler la disposition de votre mobilier. Si vous peignez un faux baldaquin autour de votre lit, il faudra tout recommencer si vous décidez de déplacer votre sommier de quelques centimètres...

Vous trouverez facilement dans les magasins spécialisés de déco, peinture ou bricolage des patrons en carton ou des patrons adhésifs (beaucoup mieux pour éviter que le pochoir glisse pendant que vous vous appliquez inutilement à peindre dessus).

Côté peinture, vous avez différentes finitions possibles :

- le motif de couleur unie sur mur blanc ou clair (le plus classique),
- le motif ton sur ton en peinture brillante sur fond de mur mat (très chic mais pas très visible, à la limite du message subliminal),
- le motif moucheté en utilisant une éponge (voir techniques, page 53),
- le motif métallisé en utilisant une bombe de peinture dorée ou argentée (veillez dans ce cas à protéger au moins 50 cm de mur autour de votre motif car la bombe a tendance à projeter un spray de peinture beaucoup plus large qu'on croit).

BON À SAVOIR

Quelle que soit l'option retenue, utilisez peu de peinture et de la peinture pas trop liquide (sinon elle glisse sous le pochoir), et décollez votre pochoir délicatement une fois que la peinture est sèche (sinon bavures garanties sur facture).

L'effet tableau noir

En vente dans tous les magasins de peinture et de bricolage, la peinture à tableau noir est une solution très originale pour peindre un pan de mur entier ou juste une partie façon tableau d'écolier.
Laissez des craies blanches à disposition et vous assisterez au fil du temps à une sédimentation murale magnifique de messages et mémos, de dessins et croquis, d'adresses et de numéros de téléphone. Un véritable Post-it géant qui trouve bien sa place dans la cuisine ou la salle à manger (style bistrot), le bureau ou encore la chambre des enfants.

Comment personnaliser vos murs sans peinture ?

Le mur galerie fouillis

Une collection de cadres (si possible dépareillés, un peu rétro et de formats variés) pour recouvrir tout un mur, animer l'enfilade d'un couloir, faire vivre un salon, égayer des toilettes intimes…

Ce que vous mettez dans les cadres est accessoire, mais, là aussi, il est préférable de varier les genres en associant, par exemple :

- des affiches,
- des reproductions,
- une collection de tickets de métro,
- les billets en francs retrouvés après la tempête (et dire qu'on aurait pu partir à Venise avec ça !),
- des photos couleurs (ratées ou non),
- des tirages noir et blanc (pensez à demander au Trésor public les clichés de vos excès de vitesse, comme chacun sait ces photos valent très cher, surtout si vous les avez payées avec option majoration, c'est aussi bien d'en faire quelque chose).

Pensez aussi aux réalisations manuelles comme :

- des dessins (vous pouvez les faire vous-même façon artiste qui s'y croit, personne n'y verra que du feu),
- une page d'écriture enfantine (on récupère des merveilles en première année de CP),

- une lettre de rupture caustique (celle de Santiago, écrite avec les pieds, qui prouvera à qui se hasardera à la lire qu'il était vraiment naze).

Vous pouvez même laisser des cadres vides ou les réserver en attente (avec un Post-it dedans marqué « vendu »). Seuls ceux qui colleront leur nez à votre vraie fausse collection d'art contemporain s'en apercevront, l'impression d'ensemble, façon galerie de tableaux, sera exactement la même et, perdue dans la masse, la plus immonde des croûtes n'y paraîtra plus.

Le mur galerie géométrique

Recouvrez votre mur d'une collection de cadres cette fois-ci parfaitement identiques et d'aspect plutôt contemporain (encadrement métallique ou de couleur) disposés en lignes ou en damiers parfaitement géométriques pour donner une unité à l'ensemble et couvrir le maximum de surface murale.

Choisissez une collection cohérente à exposer dans ces cadres :

- une série de dessins d'enfants,
- des tirages de photos noir et blanc,
- une collection d'affiches sur le même thème,
- vos propres créations artistiques, etc.

Les feuilles de papier journal collées vernies

La couverture des murs (des portes et des tables) avec des feuilles de papier journal collées puis vernies est très souvent utilisée dans les cafés et petits restos pour donner aux lieux une ambiance littéraire de *coffee shop* berlinois (et permettre aux couples qui n'ont rien à se dire de commenter la presse collée sous leur nez, fût-elle périmée ou en VO serbo-croate). En appartement, on retrouve parfois ce décor de bistrot *home made* dans les toilettes (décidément ce coin va devenir LA pièce où il fait bon vivre), mais vous pouvez aussi vous lâcher ailleurs (bibliothèque, coin repas, entrée...).

Petit guide du papier journal collé verni

1. Rassemblez des journaux sélectionnés en fonction du type de pages que vous voulez afficher au mur :

- du texte noir et blanc pour un rendu uniforme dans les tons gris non lisible de loin,
- des « unes » ou premières pages de journaux pour l'effet publicitaire des gros titres bien lisibles,
- les pages couleur de votre magazine préféré (mode, people, voyage, déco...),
- des pages de journaux étrangers pour un effet tour du monde (journaux anglais, allemands, italiens, espagnols, etc.) ou même calligraphique (journaux chinois, arabes, russes, etc.).

2. Calculez la surface à couvrir et le nombre de pages nécessaires pour tapisser votre mur, porte ou pièce. Votre pile de papier journal doit être prête avant de commencer à coller. Attention ! cela peut prendre du temps si vous commencez à relire tous les vieux articles. Pour joindre l'utile à l'agréable et ne pas se plonger dans des heures de lecture solitaire, cet atelier d'épluchage de la presse est à entreprendre à plusieurs comme un atelier d'équeutage de haricots. Déchirez les pages sélectionnées et utilisez les pages telles quelles pour un look papier déchiré. Pour une finition plus nette, recoupez proprement le bord des pages aux ciseaux ou, taillez-les directement avec un cutter.

3. Enduisez votre mur de colle à papier peint en commençant par le haut (une étude récente ayant révélé que la colle liquide dégouline toujours vers le bas) et posez chaque feuille de journal une par une en l'aplatissant sur le mur avec un large pinceau plat (ou *splater*) pour bien étaler la colle et chasser les bulles vers l'extérieur.

4. Poursuivez l'application de vos feuilles de journal jusqu'à recouvrir la totalité du mur. Regardez le résultat droit dans les yeux et fignolez les détails : collez des pages en plus pour une superposition aléatoire, ajoutez des Post-it pour personnaliser le mur de vos propres commentaires ou, pour un effet bœuf, accrochez une grande photo au centre du mur.
5. Une fois que votre mur tapissé de papier journal est bien sec, appliquez au pinceau un vernis acrylique de finition. Cette étape n'est pas obligatoire mais vivement recommandée pour garantir une longue vie à votre papier mural *home made*, sans compter que cela lui donnera un joli luisant vernis (facile à nettoyer) et des allures de café littéraire chic.

QUELQUES IDÉES EN PLUS

Suivez le petit guide du papier journal collé verni pour réaliser un mur couvert
- **de différentes bandes de papier cadeau,**
- **d'un panachage de papiers peints,**
- **ou simplement d'un patchwork d'échantillons papiers que vous aimez. Pour vous donner une idée de ce que cela peut donner, la boutique parisienne « Les Touristes » (voir carnet d'adresses, p. 182) a fait de ce principe de collage son décor intérieur, très réussi.**

Les photos (ratées) recyclées

Le saviez-vous ? Une pile de photos ratées est une mine d'or pour recouvrir de façon vivante des petites surfaces parfois tellement insignifiantes qu'on ne les regarde même plus (entrée, toilettes, portes de placard…).

Cela marche aussi avec des cartes postales, des invitations d'anniversaire, les faire-part de mariage et de naissance que vous recevez. Vous pouvez soit les appliquer au mur en suivant la technique de la colle à papier peint détaillée ci-dessus, soit scotcher, coller ou punaiser au mur ces cartes, photos et autres faire-part au fur et à mesure que vous les recevez.

Plutôt que de passer directement à la poubelle, toute cette correspondance viendra égayer vos murs en changeant sans cesse au gré du temps. Mention spéciale pour les murs recouverts exclusivement de faire-part qui offrent un moyen imparable pour se souvenir de qui est né quand, de qui a épousé qui, etc.

BON À SAVOIR

Choisissez des photos ratées (de Ronaldo, de Jean-Charles...) ou au contraire des photos (de vous) pas ratées du tout (voire inespérées) qui, l'air de rien, vous mettront à votre avantage placardée sur les murs de l'entrée dans votre meilleur Bikini... Effet subliminal garanti : même si vous ouvrez la porte en col roulé et salopette XXL, on aura un peu l'impression d'entrer chez Linda Evangelista vêtue d'un maillot Erès XXS.

L'affichage camouflage

Si vous n'avez pas de très (très) grande affiche sous la main, voilà comment vous les procurer :

- Vous pouvez passer la nuit au pied de l'affiche du dernier *James Bond* pour récupérer votre immense poster de film au moment où les équipes de JCDecaux viennent le remplacer par un autre.

(+) L'avantage : vous récupérez un vrai « 4 × 3 » (mètres) pour la modique somme de… zéro euro.
(–) L'inconvénient : la nuit est longue et, à l'heure du bouclage de cet ouvrage, JCDecaux ne nous a toujours pas communiqué le programme de ses tournées d'affichage nocturne…

- Vous pouvez choisir votre affiche dans des magasins spécialisés qui comptent des milliers de références de posters (et cartes postales) de toutes tailles.
(+) L'avantage : le grand éventail de choix vous permettra de trouver à peu près ce que vous cherchez en termes de thèmes, de couleurs, de formats, etc.
(–) L'inconvénient : ce n'est pas très personnel et les grands formats peuvent vous revenir très cher.

- Vous pouvez vous contenter de ce que proposent généralement, en trois ou quatre variantes, les grandes enseignes de déco (type Ikea, Alinéa…).
(+) L'avantage : il vous en coûtera beaucoup moins cher que dans un magasin spécialisé.
(–) L'inconvénient : vous risquez de retrouver la même affiche chez vos voisins et les voisins de vos voisins…

- Enfin, vous pouvez réaliser votre propre affiche en agrandissant (à très grande échelle) une photo de votre choix.
(+) L'avantage : projet original et possibilité d'avoir exactement ce que vous voulez en termes de sujet et de couleur.
(–) L'inconvénient : il vous faut une bonne définition de photo au départ, et pour le choix du sujet vous êtes limitée aux photos que vous avez (c'est bête, mais vous ne pourrez pas recycler à l'infini votre meilleure photo d'identité).

Une fois que vous aurez trouvé votre immense affiche, vous n'avez plus qu'à la poser comme le nez au milieu de la figure sur un des murs du salon (qui n'ont pas été repeints depuis belle lurette), au dos d'une bibliothèque (qui doit vous servir de partition murale) ou dans une chambre d'enfant (aux murs crayonnés de partout).

BON PLAN

Notez que certains magasins vendent carrément l'affiche sur papier toilé avec cadre en bois pour la tendre et l'accrocher au mur façon tableau de maître (*voir par exemple chez Ikea, trois toiles au choix, vendues avec un cadre en bois – format 200 × 140 cm – prix 149 €*).

Cartes du monde et plans de ville

La cartographie grand format est une option originale, utile et pédagogique pour décorer une entrée ou une cuisine (plan de ville ou de métro), une chambre d'enfant ou d'ado (carte du monde ou de pays), un salon ou une salle à manger (cartes anciennes ou photos aériennes).

Pour trouver votre bonheur cartographique, direction l'IGN (Institut géographique national) ou autre distributeur spécialisé, ou encore offices de tourisme et boutiques des compagnies de transport (Ville de Paris, London Transport Museum…) et plus encore sur Internet.

Petit éventail de choix déco-cartographiques tous azimuts :

- carte géographique du monde, d'un continent ou d'un pays (généralement dans les tons verts, roux et bleus),
- carte politique (généralement de toutes les couleurs),
- photo aérienne (à échelles variables),
- carte en relief (vous pouvez trouver la France et à peu près toutes ses régions en relief, ces cartes sont plastifiées – pensez aux endroits où ça peut servir : chambre d'enfants, cuisine, etc.),

- carte du ciel (pour reconnaître les casseroles des « Ourses », le W de Cassiopée et autres constellations célestes),
- carte du monde ou d'un pays la nuit (une manière de faire ressortir les plus grosses agglomérations et les pays plus ou moins développés),
- plan de ville (différents rendus disponibles selon les éditeurs),
- carte à l'ancienne (beaucoup de reproductions sont disponibles, les cartes sont plus ou moins vraiment « anciennes », la plus connue étant la carte du monde en deux ronds côte à côte dessinés dans les tons sépia),
- plan de métro (les plus connus étant ceux de Paris, de Londres et de New York),
- etc.

Sur Internet, vous pouvez même télécharger des plans de ville, commander la photo aérienne du quartier où vous habitez ou de votre lieu de vacances…

MIEUX VAUT LE SAVOIR

Si vous optez pour la photo aérienne du quartier… Vous pouvez être sûre que tous vos invités passeront la première demi-heure chez vous le nez rivé sur l'image à chercher où ils sont. Très pratique si ça vous permet de terminer la préparation du dîner et de refaire votre lit *in extremis*, mais au bout de quelques temps, si ce rituel touristique vous lasse, collez une vignette « vous êtes ici ! » sur l'emplacement de votre immeuble et vous n'aurez plus besoin de faire le guide.

Si vous optez pour la photo aérienne de votre lieu de vacances… C'est un peu moins narcissique que de coller des photos de vous en Bikini sur les murs mais ça reste dans la même veine. La photo aérienne de votre piscine à débordement placardée sur les murs de la salle à manger ne peut que faire jaser vos hôtes… et c'est une façon élégante de remettre votre Bikini au centre de la conversation.

Le grand accrochage

Le « grand accrochage » est la solution déco qu'on va suivre (ou subir) sans même s'en apercevoir. Au risque de passer pour une mère indigne, une belle-fille insolente ou une femme légère, c'est toujours difficile de jeter...

- le beau dessin que votre fils vous rapporte (tous les soirs) du haut de sa petite section de maternelle (soit environ 250 dessins par an),
- les cartes de vœux que votre belle-famille anglo-saxonne vous envoie poliment chaque année (soit environ 50 « Merry Xmass » suivis de près par 50 « Happy New Year »),
- les cadeaux de fête des mères doublés des cadeaux de fête des pères multipliés par le nombre d'enfants de votre foyer (soit un total annuel de 6 boîtes d'œufs ou de pots de yaourt décorés de coquillettes pour une famille duo-parentale de 3 enfants)...

Ce grand stock de papeterie bien intentionnée est à prendre ou à laisser : soit vous décidez de ne jamais rien garder et de tout faire disparaître mystérieusement au fond d'un tiroir ; soit vous décidez de tout accrocher : « foutue pour foutue », votre déco murale s'en tirera aussi bien comme ça.

Trois systèmes sont favorables à l'accrochage des grandes expositions sans censure :

- le (ou les) câble(s) tendu(s) avec suspension des dessins, cartes et cadeaux légers à la pince à linge ou à l'aide de pincettes à anneaux métalliques,
- le grand carré de liège ou mur dédié où l'on punaisera directement les dessins, cartes et petits objets,
- le panneau de métal ou mur peint métallisé où l'on aimantera tout le bazar.

Les jeux de miroirs

« Miroir, mon beau miroir, dis-moi que je suis pas si mal »…

Regardons les choses en face : tout le monde couve un brin de narcissisme en soi. Avez-vous déjà remarqué le nombre de gens qui s'observent, se recoiffent ou même se sourient au passage devant un miroir ou une vitre teintée ? Avec leurs effets réfléchissants de vitrines, les magasins ont bien compris qu'il n'y avait rien de mieux pour attirer l'attention des badauds. Chez vous, c'est pareil, et c'est bien utile si l'état des murs laisse à désirer. Si vous accrochez un miroir quelque part, c'est là que tous les regards se poseront, et pas juste à côté (sur le mur de papier peint déchiré ou le crépi blanc-jaune-gris que vous n'avez pas encore eu le temps de décaper).

Outre ses qualités de capteur narcissique, le miroir a aussi les mêmes vertus qu'une fenêtre ouverte : il rediffuse la lumière, agrandit et éclaircit les volumes, métamorphose les plus petites pièces en de vastes espaces aux contours indéfinis, transforme les culs-de-sac et autres impasses en ouvertures réfléchissantes. Bref, faites main basse sur tout ce qui ressemble, de loin ou de près, à un miroir.

Le miroir a sa place dans toutes les pièces de la maison (voir ci-dessous), mais attention ! il ne s'agit pas pour autant d'en mettre partout… La carte du miroir (une sorte de « joker » décoratif) est à jouer avec modération.

Miroir de table

Vous n'avez pas envie que la mère de Jean-Charles regarde le mur sale de votre salle à manger toute la soirée, mais vous ne pouvez installer tout le monde du même côté de la table, face à la fenêtre. La solution grand miroir au mur vous permet d'offrir à chacun une vue imprenable et dégagée… sur tout le monde (avec fenêtre ouverte en toile de fond).

Miroir de bains

S'il y a bien un endroit où vous avez le droit de voir à quoi ressemble votre visage en cours de maquillage ou votre silhouette en cours d'habillage, c'est bien la salle de bains. Ici bien plus qu'ailleurs, vous pouvez en mettre partout.

Couloir miroir

Votre couloir sombre en cul-de-sac ferait peur à un cambrioleur ? Vous pouvez le rendre aussi vaste qu'un champ de blé dans la Beauce en accrochant des miroirs de part et d'autre. Effet de « mise en abyme » (jeu de miroirs à l'infini) garanti.

Miroir de salon

Puisqu'on vous dit que *La Joconde* est déjà accrochée au Louvre et que la dernière toile de Titouan Lamazou (voir carnet d'adresses) n'est pas dans vos moyens... pour meubler cet espace gris, vaste et vide que représente le mur de votre salon dénudé du sol au plafond, vous avez une solution : le grand miroir. Centré au-dessus du canapé façon, tableau, il peut être très efficace. Il vous suffit d'accrocher un grand miroir standard et de lui donner l'habillage ou l'encadrement qui va avec votre style.

ENCADREMENTS DE MIROIRS POSSIBLES ET IMAGINABLES

• Vous pouvez fabriquer un cadre léger (en carton par exemple) puis le peindre, le passer à la bombe (dorée ou argentée) ou même le recouvrir de tissu (identique à celui des rideaux), le décorer d'objets ou de coquillages pour un style « bord de mer » (voir chapitre précédent sur les styles).

• Vous pouvez peindre un cadre personnalisé de votre choix directement sur le mur autour du miroir.

Mode d'emploi : posez votre miroir exactement là où vous le voulez et tracez au crayon son contour sur le mur. Décrochez le miroir. Tracez un cadre de 10 cm

autour des contours faits au crayon. Peignez ce grand carré ou rectangle dans la couleur de votre choix (utilisez par exemple une peinture marron chocolat en brillant). Raccrochez votre miroir au mur et admirez le travail !

• Pour un look de chantier pas encore complètement terminé (ça a du charme), vous pouvez poser votre miroir et scotcher les bords au mur avec du gros ruban adhésif marron ou du scotch papier de couleur blanc-beige. Ce contour au ruban collé (à moitié sur le miroir et à moitié sur le mur) fera une sorte de cadre à votre miroir et en protégera les bords coupants.

Miroir adhésif

Vous pouvez recouvrir de miroir(s) tout un mur de haut en bas façon école de danse… Pour qu'il ne vous en coûte pas un bras (les grands miroirs sont très chers, et ceux taillés sur mesure sont hyper-chers), achetez des miroirs adhésifs légers qui vous permettront de couvrir une grande surface à moindre prix. Vous pouvez poser ces miroirs adhésifs les uns contre les autres dans une entrée ou les agencer différemment en série espacée ou façon damier ce qui vous permet de fixer entre les miroirs des lambris, des planches, des étagères, des portemanteaux ou autres appliques. Vous obtiendrez un résultat plus original et plus *cheap* car il faut bien le dire, le miroir adhésif demeure le plus léger, le plus fin et le plus économique de tous les miroirs (à « customiser » ou à consommer avec modération).

Miroir en pied

Si vous avez la chance d'avoir, de récupérer ou de chiner sur un marché aux puces un immense miroir (pas grave s'il est un peu brouillé et plus ou moins défraîchi, au contraire…), il vous suffit de le poser au sol contre un mur (dans votre salon ou votre chambre à coucher, par exemple) pour couvrir une grande partie du mur en question et insufler à votre appartement un style rétro-chic de grand château du XVIIIe siècle. Pour obtenir l'effet escompté, sachez qu'il faut que le miroir fasse au moins votre taille (le modèle miroir de pieds de chez Eram avec zoom sur vos chaussures défraîchies ne fait pas du tout XVIIIe siècle). Légèrement incliné, voire adossé à une petite bibliothèque lambda où vous pourrez ranger tout votre bazar (corbeille à papiers, chaussures, livres, journaux, magazines, etc.), il va en impressionner plus d'un.

La grande bibliothèque

Depuis que Mme Michu s'est endormie dans sa baignoire, votre mur (adjacent à celui de sa salle de bains) est aussi humide qu'une éponge imbibée, il gondole comme un gant de toilette et vous ne le supportez plus en peinture… Plutôt que de le couvrir (de papier, de peinture ou de tout autre revêtement pour la quatrième fois en deux ans) laissez-le tel quel et adossez-lui simplement une bibliothèque du sol au plafond.

La solution de la grande bibliothèque qui « tapisse » le mur vous permettra non seulement de ranger une quantité de livres et d'objets, mais aussi de poser bouquets, bibelots, tableaux, photos et autres cadres décoratifs pour masquer ce « mur pourri » (que vous voulez garder et montrer aussi pourri que possible aux huissiers d'assurance qui viendront constater les dégâts – en espérant que Mme Michu assume toute seule les frais de son malencontreux débordement de baignoire).

Mais attention ! on a dit GRANDE, la bibliothèque… Pas de petit râtelier posé tout seul au centre du mur non repeint avec espace vide à droite, à gauche et au-dessus (effet ri-di-cule garanti). On vous parle ici d'une bibliothèque qui irait idéalement du sol au plafond et d'un mur à l'autre.

BON À SAVOIR

- **Radicales, économiques, efficaces, les étagères fixées au mur ne s'adressent qu'aux paresseuses un minimum bricoleuses puisqu'il s'agit quand même de prendre des cotes, de faire couper quelques planches sur mesure, de fixer des supports… Si**

l'idée de tenir une perceuse en main vous donne la chair de poule, allez voir si le voisin peut faire quelque chose pour vous ou passez directement à l'option suivante : l'achat de bibliothèques standard cumulées.

• C'est une option plus onéreuse mais pas trop si vous allez voir du côté des bibliothèques premiers prix des grands magasins de déco ou de bricolage (type Ikea, Alinéa, Castorama, Conforama, Leroy Merlin...). Si vous ne trouvez pas de bibliothèque assez large pour couvrir votre mur, mettez par exemple un grand bouquet de branchages avec lumière cachée derrière pour occuper l'espace de part et d'autre de votre mobilier cache-misère et « habiller » les coins non couverts. De même, si vous ne trouvez pas de bibliothèques assez hautes pour occuper l'espace, posez de grands bouquets ou des plantes carrément sur la bibliothèque, utilisez cet « espace perdu » pour y créer une corniche lumineuse ou dissimuler derrière de gros objets une source lumineuse qui éclairera de façon diffuse le plafond.

Le kilim (à pendre avec des pincettes)

Le drapé ou l'accrochage de grands beaux tissus au mur (kilims, broderies, couvertures ou même tapis) est la solution idéale pour donner instantanément aux lieux une ambiance ethnique, rétro ou rustique. Si vos murs sont un peu décrépis, c'est encore mieux : vous n'aurez aucun scrupule à y planter deux clous ou deux crochets pour y suspendre un véritable « kilim » (tapis d'Orient tissé), n'importe quel châle guatémaltèque (vous avez fini par comprendre qu'il était immettable) ou autre couverture de couleur exotique bariolée. Pour ne pas abîmer, coudre, agrafer ni trouer votre kilim, fixez plusieurs petites pinces métalliques à anneaux et suspendez-le sur plusieurs crochets au mur ou au plafond. Ce système « à pendre avec des pincettes » vous permet de suspendre au mur des matériaux finalement très lourds. Pour créer un intérieur bois, naturel, écolo ou exotique instantané, suspendez carrément sur votre mur un tapis en jonc de mer (ou sisal), ça sent bon (le thé vert) et c'est simple... comme un coup de fil. Et ça, c'est votre rayon.

La grande penderie vestimentaire

Dans une chambre, il existe une solution toute désignée pour habiller vos murs : vos vêtements (idée de génie passablement évidente). Mais attention ! On ne parle pas de vos sous-vêtements (*too much*) ni de votre vieux survêtement XXL (pas assez *much*) : on vous parle d'une sélection de parures glamour, sexy, jolies : les robes d'été (que vous ne mettez même plus l'été), les tenues de fête (que vous ne portez pas tous les jours), les grandes écharpes (qui prendraient à elles seules toute la place dans votre placard)... Couvrez votre mur de porte-manteaux ou de crochets à différentes hauteurs et suspendez vos parures à des cintres à tous les étages.
Résultat : une chambre qui vous ressemble, une acoustique optimisée avec les moyens du bord et de la place gagnée dans les placards. Une façon « d'habiller » vos murs à la mode de chez vous (au sens premier du terme).

Le liège

Le liège est un revêtement mural facile à poser et plein de qualités souvent méconnues...
On lui reconnaît de bonnes performances d'isolant thermique. Il permet d'assourdir les bruits venant de l'extérieur (cf. votre chambre qui jouxte celle des voisins) et ceux venant de l'intérieur d'une pièce (cf. vos W-C qui donnent dans la salle à manger). Ses motifs dans les beiges moirés ne sont pas disgracieux, on trouve plusieurs teintes (roux, gris, bleuté), plusieurs finitions (verni ou mat), différentes résistances (imperméable ou non) et épaisseurs (plus ou moins 5 mm). Pour ceux qui n'aiment pas le look liège (qui évoque encore dans l'inconscient collectif le chalet ringard de haute montagne), rappelons que ce matériau naturel peut être peint et permet de punaiser tout ce qu'on veut dessus.
Autre avantage non négligeable, le liège est plus docile qu'on croit. Vendu en dalles ou en rouleaux, on le pose facilement à l'aide d'une spatule à

dents, de bons gros ciseaux et de colle liège. Il existe deux types de colle, l'une pour pose de liège fin (5 mm maxi) dans des pièces sèches, l'autre à base de Néoprène réservée aux dalles de liège épaisses posées dans des pièces d'eau et/ou sur des murs humides (salle de bains, salle de douche, W-C, etc.).

BON À SAVOIR

Pour tapisser vos murs de liège, comptez un pot de 6 kg de colle pour une surface à couvrir de 24 m^2 et suivez les instructions de pose détaillées sur tous les pots.

Les stickers

Last but not least, le sticker mural par transfert est une de nos solutions coup de cœur pour décorer un mur sans pot de peinture. Il en existe de toutes sortes et de tous formats (les modèles géants font près de 2 m de haut) et si, malgré l'offre considérable qui existe sur le marché, vous ne trouvez pas votre bonheur, vous pouvez toujours les commander, les dessiner ou les faire faire exactement comme vous les imaginez (voir carnet d'adresse, p. 199).

La technique pour sticker les murs sans bulles et sans reproches

- Choisissez une surface lisse et propre (les surfaces planes, brillantes ou satinées adhèrent mieux qu'un mur mat, rugueux ou carrément brut).
- Positionnez le sticker avant de décoller le film opaque pour trouver l'emplacement idéal et notez des repères au crayon sur le mur.
- Retirez le film blanc opaque.
- Positionnez le sticker à l'emplacement marqué.

- Passez la main et raclez le motif du centre vers l'extérieur pour chasser toutes les bulles d'air et supprimer les plis.
- Retirez délicatement le papier transparent.
- Raclez à nouveau le motif pour qu'il adhère parfaitement au support.
- Percez les bulles récalcitrantes avec une aiguille.

IDÉES DÉCO POUR METTRE EN RELIEF VOTRE STICKER MURAL

• Dans un salon, sur un sticker représentant une cheminée : posez une tablette étroite pour y placer des bibelots, une horloge ou tout ce que vous pourriez installer sur une « vraie » cheminée.
• Dans une entrée, sur un sticker représentant un arbre : fixez des portes manteaux à différentes hauteurs pour que chacun puisse accrocher ses affaires au mur.
• Dans une chambre d'enfant, sur un sticker représentant une fleur : marquez leur taille grandissante le long de la tige.
• En guise de tête de lit, sur des stickers formant par exemple le mot DREAM en lettres géantes derrière les oreillers : de part et d'autre ou sur chaque lettre, fixez une petite lampe au mur.
• Dans une salle à manger, sur un sticker représentant des couverts géants ou un buffet : fixez des étagères en verre transparentes pour y disposer des assiettes et des verres.
• Dans une salle de bains, sur un sticker représentant un fond sous-marin : fixez un porte-savon sur un rocher de corail, des étagères pour les produits posées sur le sable, des crochets pour les serviettes au bout des pinces de crabes, etc.
• Dans les W-C, sur un sticker représentant des branchages : fixez un ou plusieurs enrouleurs de papier toilette…

10 IDÉES DÉCO REÇUES SUR LES MURS : VRAI OU FAUX

1. On n'est jamais mieux servie que par soi-même

Faux : vous êtes évidemment capable de faire seule tout et plus encore, mais pour certaines besognes décoratives, c'est mathématique : 100 m^2 de surface murale à repeindre, c'est 24 h non stop de boulot toute seule (à jurer qu'on ne vous y reprendra plus) ou un dimanche après-midi avec vos meilleurs amis (dans la joie et la bonne humeur, le tout accompagné d'une pizza). À vous de voir...

2. L'avenir appartient à celles qui se lèvent tôt

Faux : rien ne sert de courir, il faut partir à point... mais pas forcément à la pointe du jour. Tout d'abord les magasins ne vous ouvriront pas leurs portes avant 9 h 30, ensuite les plus grandes enseignes de déco sont ouvertes le dimanche, enfin feuilleter des magazines pour y trouver l'inspiration la tête bien calée entre un oreiller tendre et une couette moelleuse est une sorte d'échauffement décoratif de haut niveau (vivement recommandé !).

3. Dis-moi comment tu t'habilles, je te dirai comment décorer chez toi

Vrai : votre garde-robe est un reflet de votre style de vie, de vos goûts, des couleurs, des matières et de l'apparence que vous appréciez. « Dis-moi comment tu t'habilles, les bijoux que tu portes et si tu te maquilles... Je te dirai comment décorer ton appartement, les couleurs qui lui vont et tous ses ornements... » S'habiller c'est se décorer un peu (à méditer).

4. Les murs ferment l'espace

Faux : en fonction de ce que vous mettez dessus, le mur peut ouvrir l'espace : miroirs, trompe-l'œil, tableaux, étagères aux niches illuminées et autres artifices qui offrent aux yeux autre chose à regarder qu'une surface plane, rigide, éteinte et sans profondeur.

5. Avant de décorer un mur, il faut d'abord le repeindre

Faux : en particulier si un mur est humide, très irrégulier ou vraiment irrécupérable. Si vous entreprenez de repeindre un mur fissuré de toutes parts ou criblé de trous, vous risquez d'y passer des heures pour pas grand-chose, car il faudra de toute façon l'habiller des pieds à la tête. Si vous entreprenez de repeindre un mur très humide, au bout de quelques mois il va cloquer, s'encroûter, peler pour enfin vous retomber dessus. Mieux vaut parfois ne pas repeindre le mur malade mais simplement le nettoyer ou le décaper pour le laisser respirer à l'état brut de décoffrage. Pour obtenir un mur lisse et peint sans faute, la vraie solution est la double peau. Sans forcément remonter un mur parallèle en dalles de placoplâtre, vous pouvez avantageusement tapisser votre mur de liège, le recouvrir entièrement de tableaux ou tendre des tissus toute hauteur (kilims, tapis, jonc de mer, etc.).

6. Pour peindre il faut des pinceaux

Faux : la paresseuse avertie laissera tomber le pinceau pour s'armer d'un bon gros rouleau, et ne jettera pas l'éponge pour des effets spéciaux... Le rouleau, l'éponge, la bombe à peinture et même les mains sans rien dedans sont de bonnes alternatives au pinceau.

7. Une couche d'apprêt se met après

Faux : comme son orthographe l'indique, une couche d'apprêt est une sous-couche qui « apprête » ou prépare le mur et permet à la peinture appliquée ensuite de bien rendre sa couleur dès la première couche.

8. Les « tagueurs » sont des hors-la-loi

Faux : s'ils exercent à l'extérieur (murs, portes de garage, voies de chemin de fer...), c'est effectivement l'activité principale de la brigade antitag que de leur expliquer que la loi n'avait pas du tout prévu de les laisser faire. En revanche, vous pouvez très bien faire travailler chez vous des « artistes urbains » en leur confiant sans crainte un mur à repeindre.

9. Je ne peux pas peindre sur mes murs car je ne sais pas dessiner

Faux : il va falloir trouver une autre excuse si vous ne voulez pas toucher à la décoration murale de votre appartement... Des techniques comme la peinture à l'éponge ou la peinture au pochoir ne vous demandent absolument aucune dextérité graphique et vous permettent de personnaliser vos murs, même avec deux mains gauches.

10. Le brillant c'est mieux que le mat

Faux : non mais, n'importe quoi ! On oublie tout de suite les propos déco racistes et les idées déco reçues (et, si besoin, on relit le chapitre...).

chapitre 3

Comment habiller vos fenêtres,
avec ou sans rideaux

Comment faire l'impasse sur les rideaux

Vous ne pouvez pas dormir sans rideaux aux fenêtres, mais vous êtes aussi maladroite que la Belle au Bois dormant devant un rouet chaque fois que vous sortez une trousse à couture ? Les rideaux en velours, doublés de voilages en mousseline, suspendus sur des tringles à pomme de pin dorées, c'est pas tout à fait votre genre ? Épuiser vos neurones de façon ingrate pour résoudre cette question bassement matérielle et tailler la pièce de tissu qui finira tout bêtement pendue aux fenêtres, ce n'est pas non plus votre passe-temps favori ?

Sans passer la nuit sur la question, vous trouverez dans ce chapitre une dizaine de belles idées simples pour pouvoir faire au moins dix fois l'impasse sur les rideaux, les fils et les aiguilles.

Parce qu'il n'y a pas que les rideaux dans la vie

La déco adhésive

La déco adhésive est *the* solution pour habiller vos fenêtres sans avoir à poser de rideaux. Inconnu au bataillon hier encore, le sticker est devenu bien plus qu'un gadget déco à la mode aujourd'hui, les nombreux magasins qui utilisent cette technique pour décorer leur vitrine en témoignent. Résultat : pour déco-sticker vos 50 cm^2 de vitres, l'offre en la matière est considérable.

Pour vous permettre d'y voir plus clair, vous avez deux grandes familles de stickers : les stickers autocollants (souvent en petits formats) et les stickers collants par transfert (souvent de meilleure qualité, recommandés notamment pour les grandes surfaces). Sur une fenêtre (une vitre ou un miroir), les deux familles de stickers sont les bienvenues et toutes les idées sont belles à prendre : vous pouvez cribler vos vitres de fleurs et autres papillons multicolores, y poser des motifs de plantes vertes joliment grimpantes, simuler un paysage de bord de mer en trompe l'œil. Et si vous voulez pousser le déco-vice jusque-là, vous pouvez même faire réaliser sur demande le sticker au motif et au format de votre choix (voir carnet d'adresses, p. 181).

Pose d'un sticker collant par transfert

- Nettoyez vos vitres (c'est l'occasion ou jamais).
- Positionnez le sticker avant de décoller le film opaque pour trouver l'emplacement idéal.
- Humidifiez légèrement l'adhésif et/ou la vitre à décorer.
- Retirez le film blanc opaque.
- Positionnez le sticker à l'emplacement souhaité.
- Passez la main et raclez délicatement le motif (avec une carte de crédit ça marche très bien) du centre vers l'extérieur pour chasser toutes les bulles d'air et supprimer les plis.
- Retirez délicatement le papier transparent.
- Pressez à nouveau la carte de crédit pour que le motif adhère bien au support.
- Percez les bulles récalcitrantes avec une aiguille.

Pose d'un sticker autocollant

- Nettoyez vos vitres (vous n'y couperez pas).
- Séchez bien la vitre avec un chiffon.

- Collez votre sticker.
- Utilisez la carte de crédit pour gommer les plis et l'aiguille pour chasser les bulles.

Au-delà du périmètre de la fenêtre, les stickers pour vitres (qui peuvent s'appliquer sur toutes les surfaces vitrées, transparentes ou lisses) permettent de donner une unité décorative à toute une pièce :

- laissez voler des papillons sur les vitres et le mobilier d'une chambre d'enfant,
- faites nager des poissons sur les miroirs et les carrelages d'une salle de bains,
- semez des fleurs sur les fenêtres et les portes-fenêtres d'un salon, etc.

Le drapé de fenêtre

C'est ni plus ni moins l'effet distingué de la fenêtre en robe longue.
Il vous faut une tringle accrochée devant la fenêtre et un morceau de tissu aux dimensions suivantes :
Largeur du tissu = 2 fois la largeur de la fenêtre.
Longueur du tissu = 2 fois la hauteur du sol à la tringle + 50 cm.

Il s'agit simplement de suspendre le tissu à la tringle et de le laisser tomber en double épaisseur jusqu'au sol ou de jolis plis viendront se former. Vous obtenez des « rideaux pattes d'eph », et si le bas s'effiloche, il suffit de le retrousser avec un cousu sommaire (« bâti ») ou en agrafant les deux extrémités du tissu retroussé à l'intérieur.
Pour ouvrir ce rideau simplement drapé à cheval sur une tringle, il vous suffira de rabattre le tissu d'un côté ou de l'autre, en refaisant chaque fois sa jolie mise en plis de sauvageonne aux cheveux longs.

Veillez à ne pas vous prendre les pieds dans vos rideaux (si le tissu est trop long ou mal « mis en plis »), ni à prendre vos rideaux dans la figure (si le tissu est trop soyeux ou glissant). Notez que la solution du rideau simplement drapé (sans ourlet pour fixer les extrémités) n'est pas la meilleure si vous avez des petits quatre-pattes dans les parages...

MÉMO DÉCO

Le rideau est à la fenêtre
ce que la robe du soir est à la femme...
Il doit tout à la fois la couvrir et la dévoiler,
sans jamais la faire tomber à coups de vilains croche-pieds.

Les clips « anneaux-pinces »

Pour accrocher des rideaux, molletons ou simples pièces de tissu à une tringle fine, à un câble tendu ou encore à des crochets fixés au plafond (voir page 87), ces petits clips vendus dans tous les magasins de décoration ou de bricolage sont de véritables trésors de bienfaits. Utiles un peu partout dans la maison et précieux en particulier ici pour poser des rideaux à toute allure devant vos fenêtres toutes nues. Vous trouverez les clips en métal les plus simples vendus par dizaines (par exemple chez Ikea) ou des clips un peu plus élaborés (finition noire ou chromée), plus costauds et à l'anneau plus large vendus à l'unité (par exemple au BHV). Malgré les apparences, ces petits clips en métal peuvent, si vous mettez le paquet, soutenir des pièces de tissu très lourdes.

Le câble tendu

Avec ses extrémités en pommes de pin dorées, la tringle ringarde à souhait n'a pas tout pour plaire dans un intérieur de paresseuse (forcément beau, jeune, moderne) qui ne sait pas plus poser une tringle qu'ourler des rideaux.

Très tendance, le câble tendu se trouve dans tous les magasins de bricolage et de décoration pour la maison. Relativement facile à poser (si c'est pas trop vous demander, il faut quand même faire deux petits trous...), il demeure tout à la fois discret, industriel et moderne. Il vous suffit de fixer les deux extrémités du câble dans le mur (ou au plafond) puis de visser le câble pour le tendre au maximum. Si le câble est tendu d'un mur de la pièce à l'autre, vous pouvez même lui demander de porter les rideaux de plusieurs fenêtres à la fois : choisir dans ce cas des tissus très légers pour éviter que le câble lâche ou se creuse à la manière disgracieuse d'un fil à linge trop chargé...

Les crochets au plafond

Au lieu de suspendre ses rideaux avec de gros anneaux sur une tringle si moche qu'on n'en ferait même pas un manche à balai, vous pouvez les suspendre de la même façon avec des petits crochets discrets : zéro tringle, zéro câble mais juste quelques crochets vissés au plafond pour vous permettre de suspendre directement des tissus de n'importe quelle hauteur devant vos fenêtres. Pour suspendre le tissu aux crochets, il faudra soit le pincer de plusieurs clips métalliques à anneaux soit perforer des œillets ou attacher des rubans ou lacets.

Les rideaux « toute hauteur » donnent une belle dimension à la pièce et permettent aussi de masquer au passage un mur pas folichon. Puisque rien ne glisse ni ne coulisse ici, pour ouvrir vos rideaux directement pendus au plafond il faut les attacher sur le côté avec un ruban ou une corde à rideau ou bien tout simplement faire un gros nœud avec le rideau lui-même à mi-hauteur.

Le carré molletonné

Suspendu par deux crochets au cadre d'une fenêtre en bois, ou encore aimanté directement au cadre d'une fenêtre métallique, un simple carré de tissu épais, occultant ou molletonné, permet de couvrir parfaitement une fenêtre sans pose de tringles ni couture de rideaux. Occultante et isolante à la fois, cette couverture des fenêtres à coups de pièces de molleton est souvent utilisée dans les campagnes (où l'on pratique beaucoup la chasse aux courants d'air et la pêche à l'humidité de condensation sur les vitres). Pour un résultat efficace et néanmoins esthétique, choisissez un tissu en harmonie avec la pièce et taillez les carrés (souvent rectangles) exactement au format de vos fenêtres.

L'ourlet vite fait, bien fait

Pour celles qui n'auraient pas complètement renoncé au tombé de rideau classique (qui tient la route) mais que l'idée de prendre une machine ou une aiguille pour coudre tous les ourlets n'enchante guère, rappelons au passage l'existence providentielle des bandes thermocollantes qui vous permettent de réaliser des ourlets en un simple coup de fer à repasser. Ces ourlets collés ne sont peut-être pas les plus résistants au lavage quand ils sont réalisés sur des vêtements, en revanche, dans le cas de rideaux qu'on ne passe pas à la machine tous les deux jours, ce super-allié de la femme moderne au foyer est parfaitement adapté. Avantage non négligeable : cette bande thermocollante un peu rigide donnera de la tenue à votre base de rideau. Autre avantage : le rideau ne fait apparaître aucun point de couture disgracieux (et pour cause, car il n'y en a pas !).

Les ventouses à crochet

Dans une chambre d'enfant, pour égayer les fenêtres, éviter les rayons de soleil en pleine frimousse ou cacher une vue plongeante vertigineuse sur l'arrière-cour et ses poubelles, vous pouvez utiliser des pare-soleil de voiture fixés aux vitres par des ventouses. À l'aide de ces ventouses à crochet (vendues dans les magasins de bricolage ou les supermarchés), vous pouvez aussi suspendre des jouets légers, des rubans colorés, un voilage blanc, du tulle de princesse, des décorations d'anniversaire, etc.

La serre tropicale

Si vous n'avez pas de volets ni de rideaux dans une pièce (salon, salle à manger ou cuisine), vous pouvez habiller votre fenêtre et atténuer le vis-à-vis en posant des pots de fleur à l'extérieur et à l'intérieur. Pensez aux herbes aromatiques dans la cuisine et aux arbres en pot sur le rebord du balcon du salon. Plus vous accumulerez de plantes en pot autour de la fenêtre (dehors et dedans) plus vous donnerez une impression de profondeur tropicale à votre vue sur cour (et moins on s'apercevra que vos vitres sont sales). Pour l'ambiance Mille et Une Nuits de vos soirs de fête, posez des petits cendriers marocains, de l'encens ou des bougies aromatiques au pied des pots dehors et dedans. Quel que soit votre style décoratif de prédilection, le végétal peut revendiquer sa place dans votre intérieur, et si cultiver votre jardin se limite à décorer votre balcon de plantes en pots ou à arroser votre ficus comme il faut (c'est-à-dire pas trop), cela suffira à distiller de la fraîcheur dans l'atmosphère.

Le volet planté

Vous n'avez pas de rideaux, d'accord, mais avez-vous des volets aux fenêtres ? De vrais volets classiques en bois ? Si oui, c'est gagné, inespéré, magnifique… Faites monter des plantes grimpantes (et descendre des plantes dégringolantes) accrochées en rappel sur les volets de la fenêtre. L'été ou quand il fait bon dehors, ouvrez tout grand les fenêtres et fermez vos volets couverts de plantes vertes, d'herbes aromatiques ou autres petites fleurs au charme désuet qui donneront l'impression que votre intérieur s'ouvre directement sur un jardin. L'hiver, si vous ne pouvez pas ouvrir grand les fenêtres, rabattez vos volets jardiniers pour que vos plantations soient visibles de l'intérieur, effet mur planté du plus bel effet.

MISÈRE...

Pour obtenir une dégringolade de feuilles en quelques semaines, la plante idéale est la « misère » qui, malgré son nom déprimant, vous produira gaillardement des kilomètres de tiges et des centaines de petites feuilles vertes sans entretien aucun ! Cueillez quelque part dans la nature ou chez des amis un simple brin de 10 cm de long puis plantez-le directement dans la terre et laissez-le faire tout seul le tour du cadran de votre fenêtre : en deux mois maxi la boucle est bouclée !

Les persiennes

« Contrevent comportant un assemblage à claire-voie de lamelles inclinées », la persienne, que l'on retrouve sous différentes formes dans tous les pays chauds, évoque l'Orient et le soleil tamisé des vacances d'été (vous savez, quand il fait « trop » beau et qu'on se plaint d'avoir « trop » chaud)… Elle fait disparaître d'un coup le bazar, masque élégamment les vis-à-vis et peigne la lumière pour plonger l'intérieur dans une pénombre zébrée très exotique. Elle peut trouver sa place devant toutes les fenêtres, aussi bien au salon que dans une chambre ou dans la cuisine. Vous pouvez même l'utiliser dans l'aménagement intérieur d'une pièce pour fermer une bibliothèque ou créer une cloison légère.

Les avantages

Pour habiller vos fenêtres, les persiennes marquent beaucoup de points sur les rideaux :

- elles permettent de réguler la lumière et la transparence de façon subtile ;

- on peut les poser dedans ou dehors (il existe de jolis modèles en bois exotiques spécialement conçus pour l'extérieur) ;
- elles ne prennent pas beaucoup de place déroulées pile à la verticale de la fenêtre ;
- elles prennent zéro place une fois enroulées et perchées au plafond ;
- elles sont hygiéniquement correctes par rapport aux rideaux qui peuvent héberger des acariens et autres petites bestioles assommantes ;
- elles sont capables de créer un effet « occultant mais pas complètement » vous permettant de voir sans être vue (la rue, l'arrière-cour, le voisin d'en face).

Les inconvénients

Les trois inconvénients qu'on reconnaît aux persiennes sont surmontables :

- la barre de fixation n'est pas du plus grand chic quand la persienne est enroulée, il vaut mieux ne jamais remonter les lamelles jusqu'en haut ou prévoir un système pour cacher cette barre derrière une plinthe ou un simple retour en bois ou en toile ;
- les modèles en plastique ou en métal, très bon marché, ne sont pas aussi chic que les modèles en bois – qui coûtent effectivement beaucoup plus cher ;
- enfin, il faut quand même les poser, ces jolies persiennes, c'est-à-dire percer deux à quatre trous pour fixer la barre au plafond. Si vraiment ces trous sont au-delà de vos capacités, on ne voit pas trop ce qu'on peut faire pour vous si ce n'est vous conseiller vivement de frapper chez le voisin d'en face, qui se fera sûrement un grand plaisir de les percer pour vous…

10 TRUCS POUR FAIRE DES RIDEAUX SANS FIL NI AIGUILLE

1. Le sticker collé

Il vous faut un ou plusieurs stickers (et une carte de crédit pour bien racler le motif sur le support et en chasser tous les plis et bulles intempestifs).

2. Le tissu drapé

Il vous faut une pièce de tissu et une agrafeuse (ou du fil et une aiguille pour réaliser un cousu très sommaire).

3. Le clip pincé

Il vous faut une pièce de tissu, une tringle fine (diamètre 1,5 cm maxi) et un sachet de clips (en vente dans tous les magasins de déco ou de bricolage type Ikea, BHV…).

4. Le câble tendu

Il vous faut une pièce de tissu pas trop lourde, un câble et un sachet de clips (que vous trouverez en magasin de bricolage ou de décoration).

5. Le crochet vissé

Il vous faut une pièce de tissu (plutôt lourd) et une dizaine de crochets à vis (comptez un crochet tous les 10 cm).

6. Le carré aimanté

Il vous faut une pièce de molleton (taillé au format de la fenêtre) et quatre aimants pour fixer les quatre coins (si le cadre de la fenêtre est métallique) ou deux petits crochets pour accrocher le tissu sur la partie supérieure du cadre (si le cadre de la fenêtre est en bois).

7. L'ourlet thermocollé

Il vous faut une pièce de tissu et une bande thermocollante (que vous trouverez en mercerie ou dans les grands magasins).

8. Le pare-soleil ventousé

Il vous faut du tulle ou un tissu léger et quelques ventouses (que vous trouverez dans les magasins de bricolage ou les supermarchés).

9. La serre tropicale ou le volet planté

Il vous faut un maximum de plantes en pot et des supports à crochets.

10. Les persiennes déroulées

Il vous faut une barre de persienne (en bois si possible), deux à quatre vis et une perceuse (ou à défaut le voisin d'en face muni de sa perceuse).

chapitre 4

Comment changer les sols sans refaire les sols

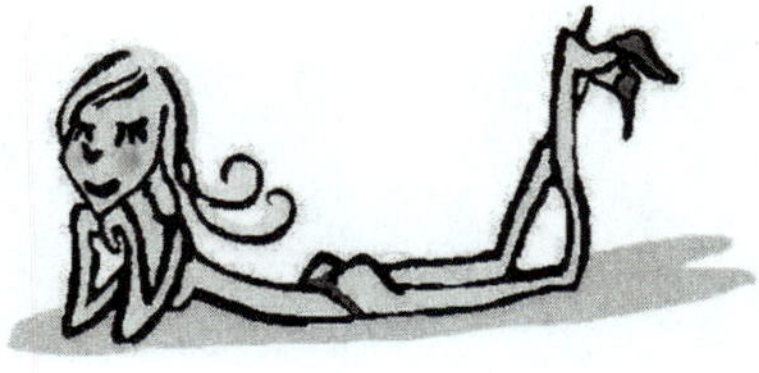

Qui vous a dit de refaire les sols ?

Avant de passer votre cuisine au marteau piqueur, parce que la couleur du carrelage ne vous plaît pas, avant de dépenser deux mois de loyer pour refaire le sisal de votre entrée alors qu'il y fait si sombre qu'on n'y voit même pas ses pieds, avant de pleurer le parquet que vous n'aurez jamais alors que le plus beau chêne massif se cache peut-être sous votre vilaine moquette… respirez un grand coup et voyons d'un peu plus près comment refaire vos sols (sans évidemment en arriver là).

Comment changer votre revêtement de sol sans avoir recours à l'usine à gaz ni au marteau piqueur

Déroulez le tapis (rouge *of course*)

La solution la plus simple, la plus ludique et la plus économique pour couvrir vos sols sans y toucher reste celle du tapis qui déroule à vos pieds moult bienfaits appréciables : effet acoustique efficace, protection moelleuse contre les chocs et élément décoratif facile à changer, à déplacer et à nettoyer. Notez que le mot « tapis » ne rime pas nécessairement avec Orient, ni non plus avec vieillot, ni encore avec poussière, et qu'il existe des modèles dans tous les styles, motifs, formes et couleurs imaginables.

Idée déco : les tapis définissent l'espace

Vous pouvez utiliser plusieurs tapis pour définir différentes zones dans une même pièce : coin salon sur un tapis, coin salle à manger sur un autre (inutile de prévoir le coin TV si le poste est sur roulettes, ni le coin fumeur si c'est sur le balcon que ça se passe).

Idée déco : les tapis canapés

Vous allonger dans un champ de coussins devant la télé représente pour vous le comble du bien-être chez soi, mais votre petit salon ne peut pas s'offrir le luxe d'un canapé six places ? Déroulez devant le poste TV un gros tapis confortable (genre triple épaisseur de mouton moelleux), semez la piste de jolis coussins et sombrez sur-le-champ dans les bras de Morphée (ou de qui vous voulez).

Idée déco : les tapis s'amusent

Dans la chambre des enfants, multipliez les petits formats, amusez-vous avec les formes et les couleurs, les motifs ludiques reproduisant par exemple un damier géant, un circuit de Formule 1, une marelle (pas nécessairement tordant mais ça amuse les enfants)...

Idée déco : les tapis passent en machine

Pour adoucir et égayer le sol d'une chambre (ou protéger la moquette aux endroits stratégiques), n'hésitez pas à opter carrément pour des tapis de bain en coton (on vous fait confiance pour nous rapporter quelque chose de joli, pas le rectangle bleu synthétique du supermarché du coin). Avantage non négligeable côté entretien : les tapis de bain n'ayant évidemment pas peur de l'eau, sitôt sale « hop ! » : un petit tour en machine et puis reviens.

Utilisez des échantillons de moquette

Le dallage d'échantillons de moquette pour recouvrir un sol à moindre coût suppose de votre part un minimum de débrouille sur fond de bon plan, les dalles de moquette (de format 50 × 50 cm environ) n'étant pas mises à disposition dans les magasins pour que chacun se serve (ça se saurait). Proposez de racheter des gammes d'échantillons en stock ou, pour qu'un maximum d'échantillons vous soient remis gracieusement, prétextez auprès du vendeur que le choix du coloris est particulièrement difficile à faire chez vous, bien plus qu'ailleurs, et qu'il vous faut essayer une multitude de teintes avant de faire votre choix (dites que vous êtes une cliente potentielle sans fond, etc.).

Recyclez les chutes

Puisque le recyclage est au goût du jour, sans passer pour une radine de bas étage, faites un petit tour de piste avant de jeter vos chutes de moquette dans la camionnette des encombrants, elles n'ont peut-être pas dit leur dernier mot...

Idée déco récup : les chutes pour couvrir les petites pièces

Si vous posez de la moquette chez vous dans une ou plusieurs grandes pièces (chambres, salon), ne dégagez pas tous les morceaux inutilisés en fin de chantier. Les chutes permettent souvent de couvrir en prime un vestibule, un couloir, des toilettes ou toute autre petite pièce de votre appartement.

Idée déco *clean* : les chutes pour protéger les pas de porte

Un simple carré récupéré sur vos restes de moquette peut vous permettre de faire un paillasson ton sur ton à l'entrée d'une pièce, le temps de finir les travaux, là où l'éclat de votre nouvelle moquette sera le plus vulnérable (usure, salissure, etc.).

Idée déco décalée : les chutes pour couvrir les portes, les placards et les murs

De la moquette sur les murs ? Il faut oser, mais n'oubliez pas que ce fut très à la mode « autrefois » (dans les années 1970), et qu'il est justement de très bon goût de naviguer à contre-courant dans les méandres du fleuve déco. Alors est-ce que par hasard un petit morceau mural de votre appartement veut bien se porter volontaire ? Là c'est souvent le coin W-C qui lève le doigt, *ex æquo* avec la porte du placard de l'entrée alors que le bureau de Jean-Charles ou la chambre des enfants en feraient aussi très bon usage. Car il faut bien reconnaître que poser de la moquette ou du feutre sur un mur est d'une efficacité acoustique radicale. Rappelons que Joseph Beuys (1921-1986) s'est donné le mal d'en faire la démonstration des milliers de fois dans ses fameuses pièces « feutrées » (à vous d'expliquer ça à Jean-Charles quand il retrouvera son bureau retapissé par Saint-Maclou du sol au plafond).

Peignez votre carrelage

Oui, repeindre du carrelage, c'est possible (à condition d'utiliser la peinture qui convient), peu coûteux et pas si compliqué (en tous cas bien moins que de tout casser pour refaire de A à Z un sol carrelé ringard ou défraîchi)...

Peinture carrelage mode d'emploi

- Nettoyez votre sol (c'est là que M. Propre entre en scène).
- Attendez que le sol soit bien sec (ça veut dire pause canapé les pieds en l'air).
- Posez une sous-couche spéciale faïence afin que la peinture puisse bien accrocher.
- Attendez que le sol soit bien sec (pause canapé *bis* : fastoche non ?).

- Ouvrez votre pot de peinture pour sol (peinture épaisse et résistante conçue pour).
- Peignez votre carrelage en commençant par le fond de la pièce et en reculant vers la porte de sortie (sous peine de repeindre vos semelles et de trimbaler de la couleur dans toutes les pièces).

Idée déco : le carrelage repérage

Dans votre loft à tout faire couvert de carrelage ou de béton brut, utilisez la peinture pour définir les zones à la manière d'un tapis : un carré rouge peint sous la table de la salle à manger, du marron chocolat sous la zone canapé… Votre sol restera 100 % lavable à l'eau et votre mobilier aura moins l'air perdu dans l'espace intergalactique de votre vaste *open space.*

Idée déco : le carrelage Mondrian

Carrelée blanc ou beigeasse des murs au plancher, votre petite kitchenette n'a strictement aucune chance de faire la une du *ELLE Déco* spécial cuisine ; vos amis la traversent avec un mot de condoléances et vous doutez fortement que la seule peinture des carreaux change quoi que ce soit à cet état des lieux tristounet.

Optez pour la solution multicolore en peignant le carrelage avec différentes couleurs primaires. Peignez vos carreaux un à un de façon aléatoire ou jouez avec les rouges autour des zones chaudes (cuisinière, grille-pain…) et les bleus autour des zones froides (réfrigérateur, évier…). Si le cœur vous en dit, offrez le même traitement chromatique tous azimuts au mobilier (placards, etc.) et investissez dans un réfrigérateur rétro coloré (type Smeg®). Choisissez des accessoires de toutes les couleurs, très faciles à trouver dans le rayon des ustensiles de cuisine : couverts, assiettes, machine à café, bouilloire, aimants de frigo, torchons et serviettes multicolores. Éclairez le tout avec des ampoules de couleur ou un abat-jour folklorique (et si quelqu'un frappe à la porte, c'est sûrement *ELLE Déco*).

Poncez votre parquet

Ce parquet verni vous fait glisser par terre dès que le téléphone sonne ? Ces taches et rayures vous agacent ? Direction Kiloutou et hop ! La ponceuse à parquet dans les mains, offrez à votre salon un gommage d'institut qui révélera toute la beauté du bois qui est en lui... Notez que le ponçage du parquet est souvent assimilé à une tâche d'homme (simplement parce que ça leur donne un peu l'impression virile de tondre une pelouse). En réalité, pas de panique (si vous n'avez pas de mâle tondeur à portée de main), il faut moins d'une paresseuse pour venir à bout d'un ponçage de parquet.

BON À SAVOIR

Le parquet contrecollé ne supporte pas le ponçage qui ferait ni plus ni moins sauter les quelques millimètres d'imitation parquet qui le recouvre pour vous laisser devant un vrai désastre (genre sol en croûte de parquet râpé).

Sous les pavés... la plage

Le lino de votre nouvel appartement vous donne de l'urticaire ? Vous ne pouvez plus voir votre moquette en peinture ? Avant d'en rajouter une couche, allez plutôt voir ce qui se passe en dessous... Sous la face visible de ce sol qui vous horripile, vous découvrirez peut-être les méandres d'une magnifique dalle en ciment lissé, les bois d'un parquet oublié, les tomettes d'un carrelage pas si mal... Sachez qu'une petite séance de spéléo en sous-couche de moquette n'est jamais inutile, même si c'est pour découvrir que votre plancher est carrément pourri ou définitivement immonde.

Les sols « propres »

Refaire ses sols, c'est bien joli, mais s'ils sont toujours sales, c'est « moyen moins »... En « matière » de revêtements de sols, la problématique de la propreté va de pair avec celle de la prévention des allergies qui sévissent aujourd'hui de façon exponentielle. Contre acariens, moutons de poussière et taches de feutre, même combat : il ne doit rien rester d'eux après nettoyage.

Les bétons et carrelages passent au salon

Pour un nettoyage *on the rocks* (et un *loft look* souvent recherché), les foyers sont de plus en plus nombreux à choisir des revêtements de sol autrefois réservés à la cuisine ou au garage pour aménager les autres pièces de la maison. Le béton et le carrelage, par exemple, font une entrée remarquée au salon. Préférez le béton lisse (poli et ciré), les tomettes et autres terres cuites chaleureuses aux grands carreaux blancs émaillés des cantines.

Les parquets reviennent de loin

Le parquet est à consommer avec discernement si vous appréciez les sols impeccables sans entretien insurmontable : pas de bois brut qui demeure poreux et en conséquence pas facile à nettoyer. Évitez aussi les bois cirés sur lesquels l'eau s'imprime en laissant de disgracieuses marques claires. Optez idéalement pour des bois exotiques, tels que le wenge, l'ipe ou le bambou. Bois denses et résistants, ils sont souvent posés en extérieur : c'est dire que les taches et verres renversés ne leur feront pas peur.

Les sols souples sont costauds

Facilement lavables, colorés, plus chauds que du carrelage au toucher et souvent très économiques, les sols « souples » sont rarement posés en appartement, allez savoir... Effectivement, le PVC ne serait pas notre premier choix pour la chambre des enfants, car le débat reste ouvert concernant les substances et particules dégagées : ne seraient-elles toxiques pour les petits qui viendraient à lécher régulièrement le sol de leur chambre ?...

Soit, mais pour une cuisine, un bureau ou une entrée (pièces dont on ne lèche pas souvent le sol), nous vous recommandons vivement ces sols souples, et en particulier les plus naturels tels que le caoutchouc (provenant de la sève de l'arbre du même nom) ou le linoléum (mélange de liège et d'huile de lin).

Les moquettes se moquent des taches

Si vous optez pour de la moquette, la plus facile à nettoyer sera en laine naturelle, qu'on toilette à coup d'éponge humide, plutôt qu'en fibres synthétiques (polyamide, polypropylène), qui fixent davantage les taches. Bien sûr, plus la moquette choisie sera de qualité (trame dense et poils traités « antitaches »), plus son entretien sera facile.

Le coco cache bien son jeu

Les cocos, joncs de mer, sisals et autres revêtements de sols en fibres naturelles offrent des qualités de camouflage des taches mais leur entretien est difficile. L'effet d'ensemble est souvent de très belle allure (on dirait du parquet), mais, question propreté, vue de près, ça frôle parfois la catastrophe : poussière emprisonnée dans le tissage grossier des fibres et empreintes qui se confondent au coloris sans jamais vraiment disparaître.

Cela dit, si vous avez sous le coude un bon aspirateur (et que ça vous arrive de l'utiliser), les cocos et autres joncs sont très décoratifs et résistants.

Idéal pour les entrées, couloirs et salons ; moins pour les chambres (ça gratte les pieds nus) et cuisines (ça emprisonne les taches mollusques du genre œufs, confiture, ketchup, etc.).

Le motif camouflage

Quelles que soient les différentes matières que peuvent revêtir les sols pour être – ou du moins paraître – les plus propres possible, veillez aussi au choix du coloris : ni blanc ni noir (c'est-à-dire ni trop clair, ni trop foncé), et de préférence chiné ou tacheté, car le motif a la particularité magique cent fois démontrée de camoufler la tache.

QUEL BUDGET POUR REFAIRE SES SOLS ?

Pour vous donner une idée (et préparer Jean-Charles à la dépense) voici les prix moyens des différents revêtements de sols que vous pouvez poser sous vos petits pieds…

Revêtement	Ticket de caisse…
Parquets parement bois	40 à 120 € / m^2
Sols stratifiés	5 à 40 € / m^2
Coco, sisal, jonc de mer	20 à 25 € / m^2
Moquette laine	30 à 100 € / m^2
Moquette polyamide	10 à 30 € / m^2
Caoutchouc	45 à 50 € / m^2
Sols vinyles, PVC	5 à 35 € / m^2
Paillasson, ringo	30 à 45 € / m^2
Tapis	10 à 80 € / m^2

10 DÉCO DÉRAPAGES À ÉVITER SUR VOS SOLS

1. Déco dérapage : le tapis skate board

Attention au tapis qui glisse sur le parquet dès qu'on pose le pied dessus ou qui vous fait tomber dès que vous passez la deuxième vitesse en trottinant (pour vous empresser d'ouvrir à Ronaldo qui carillonne à la porte). Ce tapis glissant rend la circulation dangereuse et inconfortable dans votre appartement, mais surtout ne se trouve par conséquent jamais placé bien comme il faut (à se balader au gré de vos pas telle une vulgaire carpette indécise : énervant).

2. Déco dérapage : le tapis croche-pied

Prenez garde au tapis trop léger sur un sol lisse ou aux tapis épais cornés que vous disposez aux endroits stratégiques : « patatras » garanti à l'embouchure de toutes les pièces...

3. Déco dérapage : le tapis cale-porte

Si votre tapis est trop épais devant la porte, si votre revêtement de sol est mal posé ou si votre moquette n'est pas collée comme il faut, vous ne parviendrez à ouvrir vos portes qu'au terme d'un raclage du sol pénible, particulièrement gênant s'il s'agit de la porte d'entrée (pas très accueillant de dispenser vos frais de bienvenue à travers une porte entrouverte à la mère de Jean-Charles que vous ferez attendre 5 minutes dehors avec son bouquet de fleurs).

4. Déco dérapage : les tapis partout

Si c'est un parti pris et que vous maîtrisez parfaitement la situation déco, alors d'accord pour les tapis partout (on sait que cela peut donner de grandes et belles choses façon étals de tapis de la place Jemma el-Fna à Marrakech). Mais si c'est pour en mettre un peu partout ici et là sans coordonner les motifs ni trop bien savoir ce que vous faites, mieux vaut éviter et opter pour le plus grand tapis possible si vous voulez recouvrir entièrement votre sol.

5. Déco dérapage : le carrelage beigeasse clair

On ne dénigrera aucun style, mais ce carrelage beigeasse clair que l'on trouve encore dans certains pavillons ou appartements, il ne passe pas, ou plutôt il ne passe plus du tout son CAP déco... Pourquoi ? Simplement parce qu'il s'agit de mauvaise imitation de fausse tomette cuite au beurre avec dégradé pixélisé sur les bords et que la mauvaise imitation qui ne s'assume pas, il faut bien le dire, c'est très laid.

6. Déco dérapage : le PVC imitation parquet

Comme pour les carreaux beigasse, le PVC imitation parquet ne compte pas parmi nos *best of* des revêtements de sols déco. Si vous voulez du PVC, c'est magnifique, allez-y gaiement, la gamme des coloris est aussi vaste que belle. Si vous voulez du parquet, allez-y sans crainte de ne pas pouvoir vous offrir les premiers prix.

7. Déco dérapage : le pas de porte usé

S'il y a bien un seul moment où l'on regarde le sol à coup sûr, c'est quand on entre quelque part (pour « savoir où on met les pieds », très exactement). Résultat : si votre pas de porte laisse percevoir des signes disgracieux d'usure ou même sa trame filandreuse sous sa peau râpée, vous pouvez être sûre que la chose immonde sera repérée du coin de l'œil par tous vos convives.

8. Déco dérapage : la moquette blanche ou noire

Soyez gentille d'apprendre l'adage ci-dessous par cœur une fois pour toutes...
« Ni blanc, ni noir, ni uni et propre sera ton tapis. »

9. Déco dérapage : le changement de revêtement de sol au milieu de la pièce

Évitez le changement de revêtement de sol dans une même pièce, à moins que cela soit vraiment fait exprès (dans ce cas vous avez tout bon) pour marquer justement deux espaces distincts dans une même pièce : limite entre la cuisine (carrelage) et le salon (parquet, etc.) Les patchworks de revêtements de sols résultent souvent de cloisons abattues qui font tout à coup cohabiter la moquette de la chambre condamnée avec le parquet du salon agrandi et le carrelage du couloir supprimé (allez, vous êtes presque au bout de vos peines : après avoir fait tomber les cloisons, il ne vous manque plus qu'à réviser les sols, courage, c'est bientôt fini !).

10. Déco dérapage : la moquette sale

Pensez à l'acétone (ou dissolvant pour vernis à ongles) pour les traces de feutre, aux mousses autonettoyantes pour moquettes (et canapés) à pulvériser puis à passer à l'aspirateur ; découvrez la vaste gamme de détachants ménagers (type K2R, etc.). Et consultez « Le petit ABCdaire de la tache » en fin d'ouvrage (page 173) pour un traitement adapté à chaque type de sale tache.

chapitre 5

Comment exploiter les ressources lumineuses d'un bon éclairage

Faites briller vos points forts, (et mettez en veilleuse tout le reste !)

Votre appartement est aménagé, meublé et rangé à la perfection, mais la lumière blafarde qui vous vient droit du plafond vous donne l'impression d'être à la station de RER de Morne-la-Plaine *by night*. À l'inverse, dans un lieu à peine terminé, meublé encore de bric et de broc, où propreté et rangements sont à perfectionner, si l'éclairage est bien dosé, tamisé là où il faut et comme il faut, un sentiment de bien-être s'en dégagera et tout le reste paraîtra dérisoire (puisque invisible, comme par magie).

Quelques idées déco lumineuses

Une lampe de chevet Art déco

Le bain de pied coloré

Que son pied soit en bois, en plastique ou en métal, votre lampe de chevet peut prendre un bain de couleur dans n'importe quelle peinture adaptée à sa nature (bois, plastique ou métal). Ainsi, vous pouvez transformer votre petite lampe lambda ou super-ringarde en modèle blanc nickel, noir désir ou rose fluo chic et choc de la tête au pied. Cette technique du bain de pied coloré vous permet de donner une unité à vos lampes de chevet en leur faisant subir à toutes le même traitement chromatique. Après avoir frôlé la poubelle verte, votre lampe deviendra le clou déco du spectacle.

Le massacre à la tronçonneuse

L'abat-jour rabat-joie de votre vieille lampe de chevet vous pousse au crime ? Offrez-lui une cure de jouvence à grands coups de ciseaux pour remplacer sa toile défraîchie ou ses motifs d'outre-tombe par une petite robe de fête : à vos marques… partez ! Une joyeuse séance de loisirs créatifs vous attend, avec pour seul matériel tout ce que vous avez sous la main.

Habillages possibles pour abat-jour périmé

- Ôtez la toile du vieil abat-jour et remplacez-la par le matériau de votre choix : papier blanc, carton, papier kraft, feuille de calque ou plastique coloré. Fixez-le discrètement à l'armature avec du Scotch.
- Tissez l'armature (avec ou sans la toile existante) à l'aide de ruban, de laine ou de ficelle.
- Taguez la toile que vous ne voulez plus voir (vous pouvez y inscrire des messages au marker, comme « je t'aime » ou « bonne nuit », etc.).
- Collez des pièces de tissu sur l'abat-jour en utilisant un reste du tissu utilisé pour les rideaux ou des morceaux récupérés. Usez de motifs différents, façon patchwork.

CONSEILS DÉCO

L'habit ne fait pas le moine mais l'abat-jour fait la lampe. Pour lui faire porter le chapeau qui va bien, explorez toutes les solutions ludiques :

• collez-lui sur la tête un joli chapeau (bien ajouré ou ouvert en haut pour ne pas étouffer l'ampoule), remplacez-le par un abat-jour complètement décalé (pop ou design),

• jetez votre abat-jour purement et simplement (dans la poubelle jaune) et fixez sur votre lampe une grosse ampoule nue rigolote ou colorée (voir comment vêtir vos ampoules nues).

Vêtir une ampoule nue

Utilisez des petites ampoules économiques (colorées, c'est encore mieux)

C'est vrai, les petites ampoules économiques éclairent peu, mais suffisamment quand même pour éviter de se cogner contre les meubles. Et puis il faut y reconnaître un avantage : avec si peu de luminosité, plus besoin d'abat-jour. Selon les modèles choisis, vous pourrez créer plusieurs types d'ambiance, à coups d'ampoules (économiques) :

- petites ampoules rondes, pour une ambiance blanche bleutée de pleine lune,
- ampoules colorées pour un air de fête foraine,
- ampoules à couleur changeante pour un *beat* de boîte de nuit.

Leur durée de vie affichant plusieurs milliers d'heures au compteur, notez que vous pourrez aisément inscrire ces ampoules sur votre héritage et les transmettre aux enfants de vos petits-enfants tellement ces bulbes consomment peu.

Utilisez des ampoules nues décorées

C'est précisément la bonne idée lumineuse dont a beaucoup parlé la presse humanitaire depuis son lancement en 2003. Il s'agit d'ampoules à faible consommation d'énergie, décorées par des femmes, et dont les bénéfices sont reversés pour combattre le sida en Afrique. Si votre éclairage n'est pas encore au point et que vous avez des douilles qui pendouillent un peu partout, vous pouvez investir dans cette bonne idée au grand cœur. Outre leurs bénéfices humanitaires, l'avantage de ces ampoules à plumes (car c'est souvent avec des plumes multicolores qu'elles sont décorées) est de diffuser un éclairage très faible et non éblouissant. L'inconvénient, c'est que vous ne pouvez pas vraiment éclairer les pièces (mais si vous venez à peine d'emménager, l'éclairage de tous les coins et recoins n'est pas recommandé).

Confectionnez votre propre « cache-ampoule »

Pour réaliser ces « cache-ampoules » *home made*, sans passer *illico* en mode feu d'incendie, utilisez impérativement des ampoules qui ne chauffent pas ou très peu (ce qui est le cas de toutes les ampoules à basse consommation d'énergie) et veillez à ce que votre « cache-ampoule » ne touche pas l'ampoule.
Ensuite (avec du Scotch et/ou un élastique) il suffit d'habiller votre ampoule d'un sac en papier troué (ou autre matériel, voir ci-dessous).
Enfin vous pouvez décorer votre sac ou le chiffonner pour lui donner un aspect cabossé très chic avec la lumière en transparence.

MATÉRIEL POUR CONFECTIONNER UN « CACHE-AMPOULE »

- **Petits sacs en kraft tels ceux qu'utilisent les vendeurs de fruits et légumes.**
- **Jolis sacs en papier donnés par les jolis magasins qui font de jolis paquets cadeaux.**
- **Simple sac alimentaire (tels ceux qu'on vous donne avec l'achat de vos hot-dogs chez Ikea ou de vos hamburgers chez Mac Do).**
- **Feuille de papier A3 ou A4, blanche ou colorée (80 g).**
- **Feuille de papier bristol ou Canson® (210 g).**
- **Feuille de calque.**
- **Film plastique coloré (comme ceux qu'on utilise pour couvrir les cahiers d'écolier).**
- **Tube ou cône fermé avec du Scotch et une feuille de papier A3 ou A4, blanche ou colorée, ou encore avec une feuille de calque.**

Réalisez une applique murale en carton

Il s'agit de rabattre l'ampoule sur le mur et de fixer un carton tout autour en évitant que l'ampoule touche le carton et en réservant plusieurs ouvertures afin de bien ventiler l'ampoule et de diffuser la lumière. À vous de voir la forme que vous voulez donner à cette applique qui peut être ouverte dessus et dessous pour éclairer sol et plafond, ouverte sur les côtés pour un éclairage rasant sur les murs, percée de petits trous partout pour un éclairage ciel de nuit, etc.

MATÉRIEL POUR RÉALISER UNE APPLIQUE MURALE EN CARTON

- **du carton classique (couleur kraft) ou une boîte à chaussures,**
- **du Scotch (prendre plutôt du Scotch papier pour ne pas abîmer les murs),**
- **des ciseaux.**

Éloge de la boule chinoise

N'oublions pas les choses simples de la vie et rappelons qu'il suffit d'accrocher une boule chinoise en papier pour calmer les feux de toute ampoule qui ferait de l'exhibitionnisme aveuglant. Bon d'accord, ce n'est pas avec ça que vous remporterez la palme d'or de la déco originale, mais au moins ça vous donne un peu de temps pour mettre au point votre super-projet sans abîmer vos rétines à chaque fois que vous allumez la lumière du salon. Les boules chinoises sont vendues partout et il ne vous en coûtera pas plus de 2 à 5 euros l'unité, en fonction des tailles : small, medium, large, XL...

Et la bougie, ça vous dit ?

Le yaourt à la bougie

Un grand classique du recyclage de vos pots de yaourt en verre afin d'éviter les coulées de cire impossibles à gratouiller sur la moquette. En été, vous pouvez vous en servir comme éclairage extérieur (jardin, terrasse, balcon...), sans que le vent souffle 25 fois son anniversaire en éteignant sournoisement votre installation lumineuse toutes les deux minutes. Utilisez de simples bougies « chauffe-plat » blanches ou des petites bougies colorées un peu plus épaisses (qui par conséquent se consument un peu plus doucement), et prévoyez des allumettes plutôt qu'un briquet pour les allumer (vous éviterez ainsi de refaire votre manucure en brun, parfum cochon grillé à chaque fois que vous plongez votre briquet dans le pot).

MATÉRIEL POUR RÉALISER UN YAOURT À LA BOUGIE

- un pot de yaourt en verre (type La Laitière),
- une petite bougie « chauffe-plat »,
- une allumette.

La bougie en sac

Pour réaliser ces magnifiques lampions biodégradables, il suffit de planter une grande bougie au fond d'un sac en papier blanc rempli au quart de sable fin... Idéal pour un éclairage extérieur et au ras du sol, pour illuminer un balcon, une terrasse, un jardin ou une allée, effet mariage en blanc féerique garanti.

MATÉRIEL POUR RÉALISER UNE BOUGIE EN SAC

- un sac en papier blanc d'environ 30 cm de large,
- une bougie classique blanche d'environ 20 cm de haut,
- du sable (l'équivalent d'un petit seau de plage).

La cuvée lumineuse

Après le recyclage des pots de yaourt en verre, voici celui des grandes bouteilles de vin dans lesquelles on plantera tout simplement une longue bougie dont la cire fondue dégoulinera joliment sur les parois du verre. Pour éviter l'effet poivrot et obtenir l'effet « déco de taverne » escompté, choisissez de belles bouteilles, ôtez les étiquettes (à moins qu'elles soient vraiment belles) et laissez indéfiniment la cire couler sur les parois.

MATÉRIEL POUR UNE BOUGIE BOUTEILLE

- une jolie bouteille (bouteille de cidre lourde et trapue ou bouteille de vin du Sud-Ouest longue et fine),
- une jolie bougie classique (choisir un ton blanc ou vert bouteille).

Un lustre *home made*

Une douille et un gros crochet perforent votre plafond comme le nez au milieu de la figure, et pas de lustre sous la main ? Ce n'est pas grave, bien au contraire, vous avez la chance que l'électricité vous tombe du ciel, alors ça vaut le coup d'apposer au plafond votre fameuse griffe déco.

Le lustre à pampilles (bijoux, rubans et autres pacotilles)

Le lustre de base importe peu. Vous pouvez récupérer ou acheter ce dont vous avez envie puisque vous êtes là pour maquiller tout ça. Bien évidemment, il ne sera pas en cristal, mais on y verra que du feu car vos dégringolades de verres translucides iront beaucoup plus loin : vous pouvez mélanger les formes, utiliser des verres de couleur, associer du lierre, des bijoux, des rubans ou des guirlandes à votre composition.

Le lustre dessiné

On l'a vu partout dans tous les magazines de déco, cet abat-jour blanc reproduisant le dessin d'un lustre au trait noir. Très chic, vous pouvez poser ce genre de faux lustre dessiné (en vente dans la plupart des enseignes de décoration) ou bien réaliser votre propre dessin de lustre sur un abat-jour blanc cylindrique.

Le lustre à pendouilles

Il s'agit de faire courir de façon apparente sur votre plafond plusieurs fils électriques qui convergeront autour d'un point donné et porteront chacun, à hauteur variable, une douille avec petite ampoule (économique… l'ampoule). Il n'est pas nécessaire que l'électricité sorte tout droit du plafond. Au contraire, c'est encore mieux si vous avez à escalader les murs et à contourner les obstacles avec vos fils électriques posés par exemple en zigzag de façon apparente. Peut-on encore appeler « lustre » ce genre d'installation électrique ? Comme ça tombe du plafond et qu'on y compte plusieurs ampoules, disons que c'est un cousin germain un peu survolté de Monsieur Lustre.

MATÉRIEL DE CONSTRUCTION POUR UN LUSTRE À 6 PENDOUILLES

- **6 fils électriques (si possible jolis, colorés ou gainés de tissus gris),**
- **6 prises électriques ou système pour brancher vos fils,**
- **6 petites ampoules (économiques),**
- **une agrafeuse murale.**

Élargissez vos horizons

Ayez toujours à l'esprit qu'un tout petit espace bien éclairé deviendra aussi vaste qu'une plage à marée basse fin janvier.

Couleur des murs

C'est un fait, avec des murs de couleur claire vous augmenterez sensiblement la clarté d'une pièce, certes, mais tout peindre en blanc n'est pas non plus la solution. Dans une toute petite pièce, les toilettes ou une entrée par exemple, une couleur sombre éclairée par petites touches tamisées vous permettra d'agrandir l'espace. Sinon, utilisez une peinture brillante, notamment sur le plafond, la lumière s'y réfléchira au lieu de se casser le nez sur du blanc mat sans nuances (sans profondeur ni mystère).

Corniche lumineuse

Le principe de la corniche lumineuse est simple : au lieu d'avoir une source lumineuse (spot, néon, ampoule) apparente, vous la dissimulez derrière une corniche ou un cache de toute sorte (paravent, panneau ou planche en bois, retour du mur, porte de placard ajourée, etc). L'effet optique *no limit* est probant : on a l'impression que la lumière vient du dehors, ou d'une autre pièce, ou simplement que les réelles limites de l'espace sont repoussées.

Jeux de miroirs

« 1 + 1 = 2 » : ce n'est pas la peine ici de vous faire un dessin. Posez une bougie allumée devant un miroir et vous obtenez deux bougies qui brillent... Ainsi, accrochez un grand miroir sur un mur en face d'une fenêtre et vous obtenez l'effet de deux fenêtres, deux ouvertures, deux vues s'il y a vue, soit deux sources de lumière en plein jour.

L'éloge de l'ombre

Bien souvent ce n'est pas tant la lumière en direct mais les zones d'ombre qu'elle génère qui créent une ambiance, définissent les lieux et agrandissent l'espace. Jouez de l'obscurité qui efface les limites, gomme les contours et plonge les coins de désordre, les murs sales, les tapis pourris et les recoins insignifiants dans un profond mystère que l'on ne saurait ni pourrait voir. Sans jouer à Colin Maillard chez vous tous les soirs, ni transformer votre appartement en caverne troglodyto-préhistorique, pensez à ménager autant de zones d'ombre que de lumière pour définir l'espace. Dans un loft comme dans un studio, si tout cohabite sans cloisons dans une même pièce, prévoyez par exemple un lustre pour éclairer la table, une corniche lumineuse sur le plan de travail de la cuisine, une grosse bougie côté salon, mais entre ces trois points lumineux coupez les phares... Économies d'énergie optimisées, ambiance des Mille et Une Nuits au programme, mais sachez consommer l'ombre avec modération (ne vous plaignez pas si votre nouveau chéri écrase sa clope dans votre panier à linge sale ou si belle-maman se prend les pieds dans le tapis)... Et si Jean-Charles et Ronaldo apprécient sans rien y comprendre le nouveau look « noir c'est noir » de votre appartement, n'hésitez pas à citer vos sources bibliographiques lumineuses : *Éloge de l'ombre* de Junichirô Tanizaki et faites l'inventaire de tous les bars branchés dans la pénombre qui ont inspiré votre déco d'intérieur signée super Starck.

Éclairer plus sans dépenser

On les appelle « lumières autonomes », ces lampes solaires ou diodes luminescentes (« LED ») qui contribuent joliment et discrètement à maîtriser la consommation d'énergie et permettent de s'éclairer sans fil, sans branchement et sans électricité. Depuis la bougie, on n'a pas trouvé mieux...

Les spots luminescents

Les plus connus s'appellent « DOT-it !™ » et sont fabriqués par la marque OSRAM. Ces petits spots de 6,5 centimètres de diamètre, lumineux au recto et adhésifs au verso, trouvent leur place n'importe où, si vous avez simplement besoin d'une luminosité légère type veilleuse, dans un placard, une cave à vin, à côté du lit d'un enfant... Un vrai petit bijou, disponible dans toutes les couleurs (prix : 10 € environ).

La lampe solaire

Vous pouvez éclairer vos pas de porte, allées et jardins jusqu'à 15 heures d'affilée en toute autonomie avec de simples lampes solaires vendues dans les magasins de jardinage et autres magasins spécialisés (type Nature et Découvertes). Pour les périodes moins ensoleillées, ces lampes vous garantiront au moins 2 heures d'éclairage quotidien.

L'éclairage est question de dosage

À chaque ambiance son intensité lumineuse

La lumière crée l'ambiance et donne le ton : l'éclairage est l'énergie vitale de la décoration. Combien de restaurants se sont lamentablement trompés sur ce dosage fondamental, comme l'éclairage des tables plein phare sous prétexte qu'il faut bien voir ce qu'on a dans son assiette (depuis quand va-t-on au restaurant pour regarder les assiettes ?).

Pour un tête-à-tête amoureux

Optez pour un éclairage à la bougie sans forcément mettre la pression à coup de chandelles larmoyantes sur la table. La lueur des bougies rend les yeux malicieux et plonge la pièce dans une pénombre romantique très favorable à la détente.

Pour un repas de famille

Rassemblez tout le monde autour d'une grande table éclairée d'un lustre ou autre lumière principale qui ferait office de foyer central fédérateur, à l'image d'une famille « une et indivisible ».

Pour une soirée entre amis

Favorisez plusieurs points de lumière afin que chacun trouve sa place et puisse se disperser un peu partout, sans créer d'ambiance feu de camp autour d'une seule bougie, ni d'embouteillages intempestifs autour d'un seul buffet éclairé.

Pour le brunch du dimanche

Exploitez au maximum la lumière du jour. Dans la mesure du possible, le dimanche matin, c'est toujours mieux d'ouvrir les rideaux que de se retrouver enfermés entre quatre murs avec quatre lampes de chevet en guise de joyeux réverbères d'un lendemain de samedi soir.

Le siècle des lumières intelligentes

Hier rêve futuriste, la « lumière intelligente » est devenue aujourd'hui réalité. On entend par « lumière intelligente » tous les systèmes d'éclairage, des plus simples aux plus compliqués, qui vous permettent de consommer l'énergie et de contrôler la lumière de façon plus subtile que le basico-classique « on-off » d'autrefois. Petit tour d'horizon sur la question pour y voir plus clair sur le sujet…

Bienvenue dans un monde meilleur !

De l'interrupteur mural au système complet pouvant gérer tous les appareils électriques d'une maison, les variateurs et gestionnaires vous permettent, en un seul geste, de transformer l'intensité ou l'ambiance lumineuse à l'aide d'interrupteurs sophistiqués ou de scénarios pré-programmés. Allumer, éteindre, rallumer, éteindre à nouveau (mais aussi ouvrir la porte à distance, verrouiller toutes les portes d'un seul coup, brancher une messagerie, transférer un appel…), en gros vous n'avez plus rien à faire, c'est le programme qui s'en charge.

Les interrupteurs n'interrompent pas le progrès…

… ils sont devenus design, discrets, silencieux, à écran tactile ou encore capables de s'activer à votre approche grâce à un écran infrarouge qui vous suit à la trace en détectant le rayonnement des corps en mouvement. Autant de produits qui peuvent révolutionner le quotidien des personnes malvoyantes ou à mobilité réduite. Enfin, on pourrait même se passer d'interrupteurs puisqu'une simple télécommande prend en charge votre chaîne hi-fi aussi bien que votre radiateur, vos stores ou toutes vos lumières réunies.

Que la lumière soit partout

L'entrée « mollo »

Vous avez besoin d'un minimum de lumière mais pas trop pour enfiler votre manteau, retrouver vos clés et éventuellement voir à quoi vous ressemblez juste avant de partir (histoire de rectifier le tir s'il est encore temps). De même, quand vous ouvrez la porte à des amis, rien de moins accueillant qu'une entrée trop éclairée avec spot en pleine face ou éclairage aussi *bright* que chez le dentiste.

Le salon de Maintenon

Quelle que soit sa taille, votre salon est le lieu de réception par excellence (même Ronaldo passera par là avant d'aller dans la chambre, le cas échéant) : pensez éclairage général tamisé et démultiplication des sources lumineuses. Sans faire de votre salon la galerie des Glaces du château de Versailles, si des envies de lustres vous démangent (des plus classiques aux plus modernes), c'est là que ça se passe…

La cuisine par ricochet

Règle d'or qui marche 9 fois sur 10 dans une cuisine : on n'éclaire jamais l'espace mais le plan de travail (mobilier, cuisinière, évier). La lumière diffuse ou rasante sur les murs suffira pour illuminer le reste. Autre conseil de la plus haute importance : évitez les abat-jour en cuisine (qui deviennent aussi gras que des bandes tue-mouches), cachez les sources lumineuses (à coups de corniches lumineuses), et évitez impérativement les ampoules nues pour ne jamais être éblouie comme une chauve-souris la nuit, ni prise pour une Frankenstein devant votre café le matin.

La chambre à chevet

Au chevet de votre lit point trop n'en faut : la lampe de chevet, qui porte bien son nom, et c'est tout. Dans une chambre d'enfant prévoyez éventuellement des gommettes luminescentes sur les murs pour un ciel de chambre étoilée en douceur et une veilleuse pour que le marchand de sable ne se prenne pas les pieds dans ceux du lit.

La salle de bains pour se voir

Vous n'êtes pas douées pour le maquillage à la bougie ? Nous vous recommandons dans une salle de bains plutôt l'éclairage sans concession du néon ou les feux plein phares des ampoules en série, façon loge de star. Accessoirement salle d'essayage, de parfumage, de maquillage, de pesage (et de crise de rage), la salle de bains est bien le seul endroit où vous avez l'occasion de vous regarder droit dans les yeux en toute liberté sans que personne vienne vous embêter. Allumez les lumières pour voir à quoi « ça » ressemble, vous êtes là pour (vous) voir, pas pour être vue.

Les toilettes au minimum

Pièce souvent microscopique qu'on appelle encore « petit coin », lieu intime par excellence qui invite au recueillement intérieur et à l'oubli de soi... Bref, on vous conseillera un strict minimum de lumière dans les toilettes (sur fond de peinture sombre ou colorée c'est très chic). Par « strict minimum », on entendra quand même de quoi apercevoir quelque part dans la pénombre où sont les cabinets pour éviter de s'asseoir malencontreusement sur la corbeille ou de jeter inconsciemment du papier toilette sur la pile de magazines.

10 COMMANDEMENTS POUR QUE LA LUMIÈRE SOIT

1. L'éclairage en pleine figure tu n'enverras pas

L'ampoule de 75 watts pendue au-dessus de la porte d'entrée fait faire trois pas en arrière à tous vos invités, le furieux flash de Photomaton qui éclaire vos toilettes vous coupe tout net l'envie de faire pipi... Si l'on écarte le cas particulier des ampoules décorées ou celui des grosses bulbes déco à faible consommation d'énergie, décrétez punie l'utilisation des spots survoltés et strictement interdit le nudisme des ampoules à domicile.

Pour info : l'éclairage en pleine figure est le procédé utilisé par la police pour mener ses plus sévères interrogatoires. Même si vous avez beaucoup de questions à poser à Fred qui vient de rater pour la cinquième fois son Bac, évitez de pratiquer chez vous ce genre de torture lumineuse.

2. Comme il faut, tu identifieras les pièces à éclairer et des zones d'ombre ici et là tu (a)ménageras

Dispersez vos sources lumineuses aux quatre coins de la pièce plutôt que de casser l'ambiance torride de votre salon/salle à manger ou chambre à coucher, avec un éclairage blafard de plafonnier. Bien réglée (pas trop fort), la lumière peut sculpter l'espace en trois dimensions, chaque halo lumineux créant une sorte de pièce dans la pièce (un halo sur la table, un autre autour du canapé, un troisième près des fauteuils...). Favorisez les éclairages bas, les lumières tamisées, et évitez dans la plupart des cas d'éclairer le plafond.

Pour info : la culture décorative asiatique illustre à la perfection la maîtrise de l'éclairage tamisé, les nuances de la pénombre et l'éclairage pointé sur une sélection d'objets décoratifs mis en valeur. Demandez à Jean-Charles de vous inviter dans de beaux restaurants thaï ou au QG des paresseuses (voir carnet d'adresses) et vous verrez ce que ça donne...

3. Des fils électriques partout tu éviteras

Les pieds qui se prennent dans la rallonge, les câbles scotchés aux murs, les fils électriques jaunis qui traversent la pièce en diagonale, très franchement, ce n'est pas très *ELLE Déco* (et pas très *Sécurité Routière Magazine* non plus).

Pour info : les prises sans point « terre » et l'utilisation de rallonges à rallonges est très dangereuse pour vos appareils domestiques. Évitez en particulier de brancher votre ordinateur sur une rallonge et/ou une prise sans « terre », car vous risquez de le brûler vif, ou de ne plus pouvoir l'allumer du jour au lendemain.

4. La lumière du jour au maximum tu exploiteras

Même si les vis-à-vis ne sont pas loin (*a priori* à 6 m au moins si les règles d'urbanisme sont respectées par le voisin d'en face), réglez votre besoin d'intimité autrement qu'en tirant tous les rideaux du matin au soir. La lumière du jour demeure la plus naturelle, la moins offensive et la plus écologique qui soit. Si vous travaillez chez vous, installez votre bureau dans un endroit clair, près d'une fenêtre, et s'il faut pour cela squatter le salon, expliquez à Jean-Charles qu'une petite pièce sans ouverture risque de lui coûter cher (en électricité) et de vous envoyer droit dans le mur de la dépression.

Pour info : la lumière du jour (et encore mieux le soleil s'il y a) influe très positivement sur votre moral.

5. Des ampoules à basse consommation tu utiliseras

Laissez tout au plus vos ampoules classiques consommer les derniers watts de leur courte vie et vissez à la place des bulbes économiques partout. Vous vous demanderez bientôt pourquoi vous avez attendu si longtemps avant de passer à l'acte tellement ces ampoules à basse consommation éclairent bien pour la modique somme de presque rien.

Pour info : une ampoule basse consommation de 11 watts (équivalent lumineux de 50 watts) compte 10 000 heures de lumière au compteur (soit 10 fois plus qu'une ampoule de 50 watts standard) !

6. Des bougies pour égayer tes soirées tu allumeras

Démultipliez les petites bougies, utilisez des cires parfumées, sortez les chandeliers, posez de gros cierges sur le sol… Pour créer une belle ambiance festive, à la fois joyeuse et tamisée, rien de mieux que les bougies qui font pétiller les yeux comme du champagne et danser leurs flammes sur les murs (façon de parler… faites quand même attention de ne pas mettre le feu aux rideaux).

Pour info : principale source lumineuse à domicile jusqu'au début du XXe siècle, la bougie reste le moyen d'éclairage number one *pour une grande partie de la population dans le monde (souvenez-vous de votre rencontre avec Santiago dans cette petite taverne de Todos Santos Guatemala, on n'y voyait pas grand-chose, si bien que vous n'avez rien vu venir).*

7. La lumière avant d'aller te coucher tu éteindras

Non, non et non, vous n'avez pas besoin de laisser l'appartement allumé toute la nuit au cas où Ronaldo passerait par là pour vous dire bonsoir. Et si la paresse vous pousse instinctivement vers l'oreiller plutôt que sur l'itinéraire fléché de tous les interrupteurs de votre appartement, sachez que des fonctions centralisées vous permettent aujourd'hui d'éteindre toutes les lumières d'un seul coup (baptisée fonction « away » chez Legrand). Avec le même genre de programmateur, vous pouvez aussi simuler une présence aléatoire à distance pour éloigner les intrus ou diminuer les risques de cambriolage (ce qui rassurerait Jean-Charles qui décidemment n'aime pas du tout ce Ronaldo).

Pour info : une fois que tout est éteint, rien que les veilleuses de tous vos appareils électriques cumulés consommeront en moyenne 8 euros par an.

8. Les lampes halogènes de chez toi tu supprimeras

Si la bougie et l'ampoule 1 watt affichent des scores tout à fait louables sur l'échelle des économies d'énergie, la lampe halogène collectionne les records d'explosion de votre facture EDF. Même agrémentée d'un variateur qui vous permet de réduire son intensité lumineuse du bout des doigts de pieds, la lampe halogène consomme comme un bœuf : direction poubelle verte.

Pour info : le diagnostic conseil EDF visant à maîtriser votre consommation électrique à domicile pose à peine dix questions parmi lesquelles la présence ou non d'un halogène chez vous (vilain mistigri).

9. L'énergie solaire (et éolienne) tu utiliseras

Pas besoin d'attendre l'aménagement d'un chalet sur la montagne ni d'une fermette à la campagne : même en ville le soleil peut faire fonctionner tous types d'appareils, et vous pouvez poser des capteurs sur le balcon pour éclairer toutes vos plantes à l'extérieur sans qu'il vous en coûte rien si ce n'est l'achat de la lampe solaire... (comptez 75 € pour un modèle de qualité).

Pour info : notre ami Philippe Starck a créé une jolie petite éolienne pour l'usage des particuliers que vous pouvez poser sur votre toit, terrasse ou balcon (ma-gni-fique).

10. Des variateurs électriques si l'occasion se présente tu installeras

Malgré leurs apparences james-bondesques, les variateurs électriques ne sont pas des gadgets pour hôtels de luxe mais constituent un véritable outil au service des économies d'énergie.

Pour info : la Californie rend désormais obligatoire l'installation de variateurs ou de gestionnaires de consommation pour toute nouvelle installation électrique.

chapitre 6

Comment bien disposer
votre mobilier

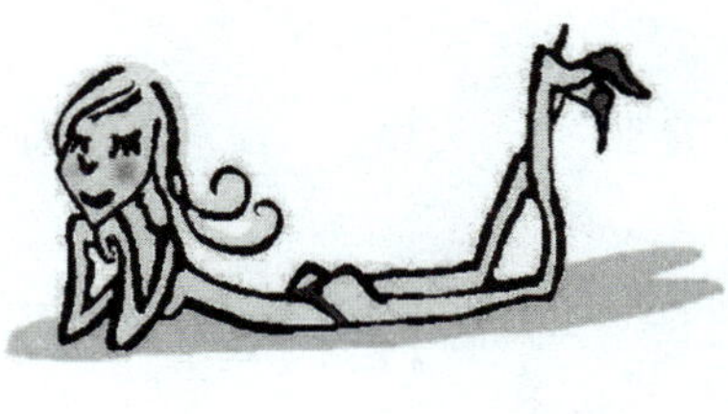

Et si vous donniez à chaque meuble sa place ?

À moins d'être d'humeur à vraiment tout jeter par la fenêtre pour un nouveau départ, votre mobilier, c'est un peu comme Jean-Charles, il est comme il est, et il va falloir faire avec... D'autant que Jean-Charles s'appelle Crépon (pas Crésus) et que votre budget mobilier n'a pas été approvisionné depuis des lustres (le lustre en cristal, ce n'est donc pas pour tout de suite).

Pour vous permettre d'optimiser la situation sans forcément changer de mobilier (ni d'appartement, ni de boulot, ni de Jean-Charles), voici trois interventions possibles :

- la première consiste à aménager les lieux – et en particulier à placer votre mobilier – en tenant compte de quelques règles de bon sens tirées des sages principes feng shui ;
- la deuxième, dans le jargon déco d'usage, s'appelle « customisation » ou art de « relooker » soi-même (et à moindre coût) du mobilier défraîchi (ou passé de mode) ;
- la troisième se concentre sur l'intervention déco occasionnelle que provoque l'organisation d'une fête chez soi (quelle qu'elle soit). Noël ou nouvel an, goûter d'enfant ou 40 ans de mariage, autant de raisons pour repenser les lieux le temps d'une soirée, déménager les meubles et dégager la piste...

Petit tour feng shui du propriétaire

Contrairement à ce qu'on pourrait penser…

- le feng shui n'est pas une secte (« je feng donc je shui ») ;
- le feng shui n'est pas un sport (vous confondez sans doute avec aikido) ;
- le feng shui ne fait pas l'éloge du style zen (100 % tige de bambou) ;
- le feng shui ne fait pas tourner les tables (il vous demande de les déplacer vous-même, ce n'est pas pareil) ;
- le feng shui ne consiste pas non plus à vivre toutes fenêtres ouvertes, les jambes croisées et quasiment nue (en totale harmonie cosmique avec la nature).

Terme qui signifie « vent et eau », le feng shui est issu d'un très ancien principe chinois qui consistait à l'origine à choisir, pour implanter temples et maisons, des sites où les cinq éléments (Terre, Métal, Eau, Bois, Feu) soient en harmonie (à l'abri du vent et à proximité de l'eau douce, notamment). Aujourd'hui, le terme désigne le fait de jouer sur les divers composants d'un environnement pour créer, au sein d'une habitation, les conditions optimales pour la santé, le bien-être et le bonheur de ses habitants.

Quoi de plus rassurant que de rentrer chez soi et de se sentir instantanément bien, protégée, confiante, en parfaite harmonie avec son *sweet home* ? Quel que soit votre style déco de prédilection, les principes du feng shui vous proposent d'aménager les lieux et de disposer votre mobilier pour optimiser la « zénitude » de votre habitat.

La formule a fait ses preuves. Cela ne date pas d'hier et ne vous coûte rien, alors, sans vous détailler tous les grands principes du feng shui en VO chinoise dialectique, voilà notre mini-guide déco feng shui directement opérationnel.

Mémo feng shui pour l'entrée

- Passage obligé stratégique, votre entrée se doit d'être aussi sympathique, chaleureuse, bienveillante et réconfortante que possible. En bref, la bonne ambiance… aussi joyeuse que le « bienvenue ! » enthousiaste que vous lancerez à Ronaldo quand il ouvrira la porte et aussi accueillante que le « ah te voilà… » que vous soupirerez à Jean-Charles quand il passera ladite porte.
- Évitez les excès de boiseries et de fibres végétales dans l'entrée, car ceux-ci engendrent une atmosphère feutrée limite triste (ambiance tanière de renard dans laquelle on n'a pas vraiment envie de s'engager).
- Fluidité de mouvement et ouverture dégagée sont de mise. Ne transformez pas votre entrée en débarras chaotique où il faudrait se frayer un passage entre les cartons, les chaussures, les manteaux et les piles de courrier pour parvenir enfin à la pièce suivante. Cette entrée-là démotiverait tout net vos amis et prétendants qui n'envisageraient même pas de passer à l'étape suivante (*i.e.* le slalom fléché vers la cuisine *via* votre salon aussi criblé de bazar que les Puces de Montreuil).
- Si votre entrée donne sur un escalier, accrochez-y un miroir de forme arrondie pour éviter que le *qi* (énergie positive chaleureusement invitée à passer le pas de votre porte et à circuler librement dans votre demeure) dévale les marches quatre à quatre vers l'extérieur (le *qi* est un sacré petit malin qui a toujours la bougeotte).

Mémo feng shui pour la cuisine

- Cuisinez dans un cadre aéré avec vue panoramique : fenêtre sur rue, vitre plein ciel, ouverture sur la pièce d'à côté ou tout ce que vous voulez du moment que vous ne faites pas l'impasse (chez les feng shui c'est sympa, on n'équeute jamais ses haricots le nez au mur).
- Mettez le plan de travail à votre hauteur, c'est-à-dire bien évidemment le plus haut possible... Les tailles s'allongent, les standards évoluent et vous passez aujourd'hui haut la main la barre des 85 cm d'antan pour des plans où il fait bon se tenir à 95 cm voire à 1 m de haut. Le feng shui – et avec lui Jean-Charles, Fred et Ronaldo – veulent vous voir à l'aise et épanouie (d'humeur à mijoter de bons petits plats), alors fini la cuisine au ras des pâquerettes où vous évoluez pliée en deux en tirant des bords sur vos lombaires.
- Apprenez à bien vous tenir : évitez d'être le dos à la porte (on pourrait vous surprendre en train de bricoler une recette inavouable de dernière minute) ou le nez au nord et/ou à l'ouest, ce qui pourrait nuire à votre vigilance (débordement de lait bouilli tous les matins) et/ou à votre imagination culinaire (débordante tous les soirs).
- Placez les feux de cuisson contre un mur (et surtout pas au centre de la pièce) de façon à contenir les énergies dangereuses de l'élément Feu. Alors si vous pensiez que votre îlot central table de cuisson sous hotte super-tendance symboliserait à coup sûr la convivialité, la modernité et le foyer vibrant de votre famille « une et indivisible », vous aviez tout faux. Cela ne serait que l'expression mise à nu de ses tensions (comme quoi il n'est pas évident d'inviter les bonnes ondes à la maison, parfois on croit bien faire et « pof » !).
- L'évier, le lave-vaisselle et le frigo ne doivent pas entrer en conflit avec la cuisinière. Comprendre que le matériel Eau ne doit pas se faire face ni jouer des coudes avec le Feu, il en va de la bonne

cuisson des aliments (pas facile à gérer dans votre kitchenette de 3 m^2, mais faites quelque chose pour qu'ils ne se disputent pas).

- Évitez les vibrations néfastes du micro-ondes et préférez une cuisinière à gaz à des plaques électriques dont les vibrations négatives perturbent votre cuisine. Pour le micro-ondes (dont vous ne sauriez vous passer malgré la meilleure volonté feng shuiesque du monde), on peut trouver des solutions sans forcément l'éradiquer. Placez-le par exemple dans un placard (ni trop haut ni trop bas) pour étouffer son bruit d'aspirateur asthmatique et surtout dissimuler sa turbine (neuf micro-ondes sur dix étant, il faut bien le dire, très très moches).
- De la couleur, des fruits et des plantes pour encourager les vibrations vitales, et si vraiment votre cuisine est plutôt à tendance plan de travail béton brut, placard tout inox et pas une miette qui traîne pour rassasier la moindre petite souris (signe de vibration vitale), plantez au moins un bouquet de persil quelque part dans un verre, ça vous évitera le carton jaune.
- Le carrelage, l'inox, les ustensiles rutilants et la peinture des murs en brillant stimulent le *qi* positif (force vitale de l'univers avec laquelle il faut bien s'entendre sous peine de retour de manivelle négatif).
- La collection de couteaux Laguiole de Jean-Charles au placard et surtout pas en *display* sur les murs (façon cuisine de chef qui s'y croit), cela risquerait d'attirer le *sha* (vibration négative) et de couper net toutes les énergies positives.
- Choisissez de préférence une table arrondie et en aucun cas triangulaire. Cette forme agressive provoque des troubles gastriques et des perforations d'estomac (ça ne rigole pas !), mais certains cuisinistes (n'ayant pas passé leur CAP feng shui) la proposent parfois pour faire preuve d'originalité ou « optimiser les petits espaces ».

- Pas de téléviseur ni d'ordinateur à table ! N'y songez même pas, c'est interdit. La cuisine est lieu d'échanges amicaux et familiaux, foyer de nourriture réelle et spirituelle. Et même si vous ne parlez avec Jean-Charles que de la pluie et du beau temps, ce n'est pas là que vous regarderez le bulletin météo.
- Prévoyez au moins deux sièges ou tabourets identiques (pas un fauteuil confortable pour vous et un trépied d'appoint en face). Votre cuisine sera beaucoup plus accueillante si elle réserve toujours au moins une place disponible pour le visiteur charmant et ce, même si vous fêtez allègrement dix ans de célibat endurci (depuis votre rencontre fugace avec Santiago sur le quai de la gare d'Antigua Guatemala).
- Ne transformez pas votre cuisine en centrale de télé-achat. Le *qi* (qui ne regarde pas souvent la télé) n'aime pas trop les ustensiles en plastique, les nappes en toile cirée, le bazar et la démultiplication de matériel électrique passablement moche et inutile (vous l'aurez compris, ce *qi* est du genre un peu maniaque sur les bords, mais il faut le prendre comme il est).
- Débarrassez la table après chaque repas et tenez votre cuisine propre et sèche. Utilisez une hotte pour aspirer les fumées grasses particulièrement néfastes à la bonne circulation du *qi* positif (qui pourrait se retrouver immobilisé net telle une mouche sur un Scotch et entrer dans une rage terrible). Passez un coup d'éponge sur la table, dégagez toute la vaisselle dans la machine à laver et fermez la porte de celle-ci (sinon, comme pour les toilettes, le *qi* positif risquerait de se perdre dans les méandres des canalisations). À défaut de machine, ne laissez jamais la vaisselle sale croupir dans l'évier en espérant qu'elle se lave toute seule (ça, c'est du jamais vu, encore un sale coup de Jean-Charles qui se défile pour ne pas faire la plonge).

Mémo feng shui pour le salon

- Le canapé doit être toujours accueillant et dégagé. N'y amassez pas trois semaines de linge à repasser, 3 m^3 de jouets qui traînent, ni trois piles de journaux à lire quand vous aurez le temps. Et, si Fred squatte votre « clic-clac » depuis trois mois, demandez-lui au moins de bien vouloir ranger son sac de couchage tous les matins (la mère de Jean-Charles appréciera de s'asseoir sur un canapé plutôt que sur le lit de Fred).
- Isolez des coins tranquilles indépendants, surtout si vous vivez à plusieurs. Souvenez-vous que le salon n'est pas la pièce d'un ou d'une seul(e), chacun doit y trouver sa place, un espace où se détendre, lire, écouter de la musique, regarder la télévision, pratiquer son yoga du matin (*hom...*) ou jouer à la *game boy* (cela dit, le feng shui n'est pas très *game boy*).
- Les éléments Bois et Eau doivent avoir une place au salon (mobilier ou objets déco en bois, aquarium ou vases remplis d'eau) notamment dans le secteur sud-est de la pièce pour réveiller les énergies financières (14e mois inespéré, numéro gagnant au Loto...).
- Choisissez un éclairage non agressif (orienté par exemple vers le haut ou contre les murs) et des rideaux légers pour laisser pénétrer la lumière du jour et vivifier le *qi* (qui doit circuler chez vous comme s'il était chez lui).
- Disposez des fauteuils et/ou des canapés autour d'une table basse pas trop loin les uns des autres pour favoriser les échanges (avec la mère de Jean-Charles aussi bavarde qu'une porte de prison), la détente (Fred qui s'endort sur le sofa après chaque repas), l'intimité (Ronaldo qui vous embrasse comme si de rien n'était entre deux bouffées de cigarette), les confidences, etc.

- Mettez des plantes vertes à côté du téléviseur, elles absorberont les vibrations négatives du poste allumé et, de façon beaucoup plus radicale, masqueront tout ou partie de l'écran une fois éteint.
- Évitez les meubles, tableaux ou autres objets d'héritage qui véhiculeraient pour vous des souvenirs tristes ou néfastes. N'accrochez en particulier aucun regard malveillant au mur... Le portrait de l'aïeule de Jean-Charles, sorte de caricature de sa mère, n'a rien à faire chez vous.
- Utilisez des bougies pour créer une ambiance conviviale, légère si elles sont blanches, intime si elles sont jaunes, joyeuse si elles sont orange, festive si elles sont rouges. Les cires parfumées (ou, le cas échéant, les bougies antitabac) ont plus que partout ailleurs leur place au salon.

Mini-mémo feng shui pour la salle de bains

- N'accrochez pas n'importe quel miroir n'importe où...
- Choisissez-le le plus grand possible dans la salle de bains où vous devez vous voir au moins en « plan américain » (soit idéalement du sommet du crâne au nombril).
- Évitez les miroirs en damier (qui perturbent le *qi* et renvoient de vous une image fragmentée) et les miroirs à facettes (qui déstructurent votre énergie).
- N'accrochez pas votre miroir en face d'un autre miroir ou d'une vitre (vous seriez prise entre les vibrations super-dynamiques de ces deux surfaces réfléchissantes).
- Ne posez pas votre miroir devant la porte de la salle de bains, il ne ferait que reproduire la porte et dupliquer son mouvement d'ouverture (comme si quelqu'un d'autre entrait dans la pièce à chaque fois

en même temps que vous). Le *qi* (esthète et sensible) n'aime pas du tout ce genre de situation passablement stressante.

- Prenez garde aux énergies d'évacuation et aux voies d'écoulement : c'est par là que tout fout le camp. Pour éviter que le *qi* fasse du *canyoning* sur les eaux usées et disparaisse à chaque fois que vous tirez la chasse d'eau ou videz votre bain… Veillez à bien refermer le couvercle de la cuvette des W-C ; à bien essorer les éponges et gants de toilette ; à aérer votre douche ou baignoire après utilisation ; enfin à colmater à la source les éventuelles fuites, robinets qui coulent et autres dégâts ou désagréments des eaux.
- Libérez la baignoire ou la douche qui ne doivent pas devenir zone de stockage des produits d'entretien, zone de séchage du linge propre ou de trempage du linge sale. Toujours propres et bien aérées, la baignoire et la douche ne doivent pas non plus être coincées par du mobilier. Dans la salle de bains qui porte bien son nom, le bain (baignoire ou douche) doit avoir une place prédominante, bien dégagée et accessible.
- Rangez vos produits de beauté et fermez la porte à clé pour protéger votre intimité. C'est dans le secret du périmètre sacré de votre salle de bains que vous vous métamorphosez chaque fois en princesse (*wonder business woman* le matin et *glamour sexy girl* le soir), mais vous serez bien incapable d'aucun miracle si Fred vous demande s'il peut faire pipi pendant que vous vous maquillez ou si Jean-Charles se rase tous coudes écartés à côté de vous, pendant que vous essayez tant bien que mal de vous coiffer avec les 3 cm de miroir qu'il vous aura laissés.
- Évitez les toilettes dans la salle de bains ; si vous ne pouvez pas faire autrement, isolez la cuvette par un muret, mobilier judicieux ou plante verte touffue pour préserver l'intimité et limiter les

mauvaises odeurs après le passage de Fred (que votre flacon de Chanel n° 5 ne saurait anéantir).

- Prévoyez des radiateurs ou sèche serviettes pour que les lieux soient toujours sains et secs. Ne quittez jamais l'espace sans l'assécher d'un coup d'éponge, étendre les serviettes, ventiler la pièce ou entrouvrir la fenêtre s'il y en a une.
- Choisissez des matières naturelles et non synthétiques (serviettes en fibres végétales, céramiques au mur, stores en bois, corbeille en osier, plantes vertes).

Mémo feng shui pour la chambre

- Éloignez le lit de la porte, le bon sens feng shui a encore frappé… Ce n'est pas comme Jean-Charles qui, rentrant à point d'heure, vous réveillerait sans vergogne d'un grand coup de porte qui claque (et grince). Votre lit doit être placé loin de cette menaçante ouverture.
- Placez la tête de lit contre un mur de façon que vous puissiez voir la porte sans, si possible, lui faire face.
- Évitez le matelas posé par terre. Passé les trois premières semaines d'installation, vos lombaires vous rappelleront que vous n'êtes plus là pour jouer aux *teenagers* attardées, et même si vous êtes du genre futon rase-mottes, vous vous sentirez moins oppressée (par la hauteur du plafond) si votre matelas repose à au moins 20 cm du sol.
- N'entreposez rien sous votre sommier. Tiroirs de rangement et bazar encombrant stockés sous le matelas empêchent le *qi* de circuler librement autour de votre lit (c'est un fait). Et celles qui ne seraient pas convaincues par cet argument feng shui de choc le

seront peut-être par l'argument salubrité (la poussière s'agglutine en masse pour sommeiller à vos dépens en sous-couche de sommier) ou encore par l'argument déco subtil (tel le tapis volant d'Aladin, votre lit doit donner l'impression de s'élever au-dessus du sol pour vous emmener sans détours au pays des Mille et Une Nuits).

- Ne tournez pas d'objets ni de meubles saillants en direction de votre couchage, sous peine de voir vos rêves transformés en cauchemars. Accessoirement cela vous évitera de vous cogner les hanches à chaque fois que vous essaierez de sortir de la chambre en pleine nuit (pour regagner discrètement les toilettes façon *Belle du Seigneur*, sans réveiller Ronaldo).
- Ne confondez pas chambre avec salon télé ou bureau d'appoint. Les ondes électromagnétiques de l'ordinateur ou du poste TV (même éteint) nuiraient à votre sommeil et qui dit télé ou bureau dit souvent papier, crayons, courrier, classeurs, calculatrice, journaux, VHS, DVD... bref, un vrai bazar à éviter.
- N'encombrez pas votre chambre de meubles et d'objets. Vous avez besoin d'un lit (c'est sûr), d'une place pour les vêtements (accessoirement) et, pour le reste, réfléchissez si la chambre est bien la pièce adaptée... au stockage de votre collection de DVD (on a dit pas de télé dans la chambre), de votre courrier (on a dit pas de bureau non plus), de votre paire de skis (on a dit pas d'objets saillants), etc.
- Choisissez des objets déco symboliques. Pensez aux galets qui ont un effet apaisant (et chassent les cauchemars), aux objets de couleurs blanches ou claires qui sous-entendent la virginité de l'union (voire plus si affinités) et, de façon générale, favorisez toujours les paires (même si vous êtes *single* endurcie) : deux lampes de chevet identiques de part et d'autre du lit, deux grosses bougies côte à côte ailleurs, deux oreillers tout pareil, etc.

- Limitez l'accrochage de tableaux et de miroirs qui n'ont pas vraiment leur place dans une chambre et passent tout leur temps à réveiller les énergies.
- Recouvrez votre cheminée en marbre avec un joli carré de tissu, du bois ou une nappe, et dommage si Jean-Charles a littéralement « flashé » sur cette cheminée, car figurez-vous que le marbre est un matériau *yang*. À la différence du *yin* (énergie calme et réceptive), le *yang* (*super speed*, infatigable) est toujours en mouvement. Pas très reposant, enfin à vous de voir ce que vous voulez faire dans votre chambre (en consultant ou non Jean-Charles sur le sujet).
- Lumière tamisée, fenêtres masquées et portes fermées, celle qui donne sur le couloir ou la pièce d'à côté mais aussi celle qui donnerait sur les toilettes ou la salle de bains adjacente. Pas bon du tout pour les courants d'air (sur lesquels le *qi* pourrait faire du Delta Plane et se ramasser malencontreusement à la sortie) et pas bon non plus pour préserver le cocon de sécurité, silence, rêve, douceur, bonheur, détente, amour et tout et tout… que doit incarner votre chambre.

Petits arrangements avec les meubles

Vous êtes originale et à nulle autre pareille mais votre mobilier (*made in* Ikea ou autre enseigne cousine germaine) ressemble étrangement à celui de vos meilleurs amis, lequel est lui-même identique à celui de leurs voisins.

Vous aviez désespérément besoin d'un canapé mais le modèle en velours côtelé que vous a généreusement donné tante Yvonne ne va pas du tout avec la table en verre tinté qu'oncle Johnny vous a léguée, ni avec le fauteuil Seventies orange que la mère de Ronaldo vous a acheté dans un vide-grenier en pensant vous faire plaisir.
Voilà quelques astuces déco de derrière les fagots pour personnaliser, décorer ou rafraîchir votre mobilier lambda et donner un sens aux mille morceaux de votre héritage.

Habillez votre vieux canapé

Façon housse de matelas, il s'agit simplement de recouvrir votre bon vieux canapé (confortable certes, mais plus très tendance et passablement abîmé sur les bords) d'une large pièce de tissu de votre choix qui n'en laissera pas voir le moindre bout de pied. Selon le modèle de vieux canapé dont vous disposez vous pouvez soit border le tissu dessous (comme si vous faisiez un lit), soit le nouer aux quatre pieds (à la manière des chaises relookées ci-dessous).

Recouvrez vos chaises

Même principe de couverture toile que pour le canapé avec, pour la chaise, un morceau de tissu découpé au format car vous ne pourrez pas border dessous. Nouez le tissu aux quatre pieds de la chaise avec un ruban ou en vous servant du tissu lui-même découpé de plusieurs encoches. Si vous ne vous sentez pas d'attaque (ou si vous n'avez rien compris à ces histoires de chiffonnière), vous trouverez des housses standard pour chaises dans certains magasins de déco. Elles sont souvent blanches et utilisées pour protéger les chaises de la poussière en cas de maison fermée trop longtemps, mais elles restent très chic pour un usage quotidien.

Nappez votre table dans l'ambiance

Peu importe si votre table est en noyer vernis ou en Formica jaune d'œuf, si vous la recouvrez d'une nappe on n'y verra que le feu des motifs et des couleurs que vous aurez choisis. Prenez un tissu lourd pour que la nappe ne glisse pas (ou passez une alaise en coton sous la nappe) et prévoyez environ 25 cm de retombé tout autour de la table (soit le format de la table + 50 cm en largeur et 50 cm en longueur). La nappe au format exact de la table fera set de table géant sous-dimensionné, tandis que la nappe qui tombe jusqu'à terre sera jolie à regarder mais pas très confortable à porter (vos convives se retrouveraient embarrassés d'avoir à poser 1 m de nappe sur leurs genoux au moment de se mettre à table).

Mettez vos lampes dans le ton

Abat-jour recouvert de tissu, pied peint, ampoule de couleur... la lampe a plus d'un tour dans son sac pour se déguiser et passer pour le modèle qui va bien (chez vous et pas chez tante Yvonne). Voir le chapitre consacré à la lumière pour plus de précisions.

Customisez vos portes de placards

Le souci, avec le placard lambda (bien sous tous rapport mais pas très original), c'est qu'on n'a rien à lui reprocher dans les faits (un placard finit toujours par se rendre utile) si ce n'est cette porte fade et sans saveur qui occupe le premier plan tel un témoin tangible de votre manque d'originalité (alors même que vous êtes originale et à nulle autre pareille).

Voici quelques trucs et astuces de paresseuses pour redécorer la façade :

- **Peinture :** n'hésitez pas... si le meuble de tante Yvonne n'est vraiment pas raccord avec votre gamme couleur tendance, administrezlui deux coups de pinceau et vous aurez au moins une chance de vous trouver avec le meuble parfaitement raccord avec votre intérieur. De toute façon le meuble de tante Yvonne est à prendre ou à laisser, à customiser ou à jeter. Alors vous n'avez rien à perdre, vous en tirerez trois fois rien en le revendant pour en acheter un autre (beaucoup moins original que le buffet de tante Yvonne repeint en rose tendance bonbon et vert tendance pistache).

- **Cérusage :** la céruse, appelée aussi « blanc de céruse » ou « blanc d'argent », est un carbonate basique de plomb (traitement lourd donc...) que l'on utilise en peinture en particulier pour donner au bois une finition qui en souligne le dessin naturel. Alors, si vous avez assez de courage pour attaquer frontalement le meuble de tante Yvonne au pinceau, foutu pour foutu vous pouvez bien l'attaquer à la ponceuse, au papier de verre ou au carbonate de plomb. Pour un effet cérusé sans carbonate, la technique n'est pas plus compliquée. Il s'agit de poncer puis de peindre (en blanc dilué, bleu pâle, etc.) puis de poncer délicatement à nouveau si besoin pour donner à n'importe quel meuble en bois un aspect à la fois jeune et vieilli (style brocante « authentique » chic).
- **Papier peint :** la porte de placard lambda peut se vêtir des mille feux, couleurs et motifs de tous les papiers peints (journaux, photos et autres supports papiers) que vous voulez, pour devenir unique et à nulle autre pareille. Utilisez la même technique que pour le collage du papier journal sur les murs.
- **Liège :** à la différence des options ci-dessus, effet acoustique en prime pour la couverture de vos portes de placards en liège ou en feutre, et technique de pose qui ne doit pas vous démotiver puisqu'il s'agit simplement de coller une pièce de liège (ou de feutre) exactement au format de la porte de placard avec de la

colle spécial liège. La porte doit être plate pour y coller proprement une pièce de fabrique (sinon grumeaux et bourrelets au menu).

- Stickers : à la différence des options ci-dessus, effet repositionnable en prime pour la déco de vos portes de placard aux stickers autocollants. Vous pouvez choisir des papillons, des fleurs et autres motifs au gré de vos envies (et si ça ne va pas ou si ça ne vous plaît plus, on retire tout et on recommence).
- Contreplaqué : rappelons une donnée budgétaire de base, question placard de rangement, ce qui coûte le plus cher, ou du moins ce sur quoi vous aurez du mal à économiser, c'est le fameux « caisson » de placard (il faut ce qu'il faut). En revanche, quand vient la question de la porte, tout est permis. Résultat : si on vous propose finition Formica blanc, il ne vous en coûte rien, mais si on vous recommande finition chêne, vous en avez pour plus cher... Enfin, si vous considérez les deux options et que ni l'une ni l'autre n'est à votre goût, vous pouvez librement quitter le magasin avec vos caissons tous nus sous le bras, les charnières au complet en poche mais sans aucune porte. Ensuite il s'agira juste de faire tailler vos portes dans le bois (en contreplaqué) qui vous convient, puis de fixer au caisson les planches découpées sur mesure.

Changez toutes les poignées

En matière de mobilier, « *dépensez, chouchoutez et passez du temps sur tout ce que vous touchez* », telle est la devise. Si les poignées de vos portes, commodes, placards, penderies et tiroirs sont belles, agréables à toucher, efficaces, silencieuses et faciles à manipuler, elles vous donneront des points indélébiles sur l'échelle de la déco fonctionnelle (« c'est beau et en plus ça marche ») et de la finition.

Idées déco reçues sur le mobilier

Juste une mise au point

1. Trop belle pour toi ?

La table ? la chaise ? la lampe ? la nappe ? Mettez-vous bien ça une fois pour toutes dans la tête, rien n'est trop beau pour vous, et si Jean-Charles n'est pas d'accord on trouvera toujours un moyen de s'arranger (peut-être d'ailleurs est-ce Jean-Charles qui n'est pas assez beau pour vous).

2. L'argent ne fait pas le bonheur

« On fait ce qu'on peut et pas toujours ce qu'on veut. » D'accord, mais en déco, vous pouvez beaucoup avec trois fois rien, et ce n'est certainement pas à coup d'achats hors de prix que vous parviendrez aux plus belles réalisations décoratives.

3. Tout se transforme

Comme le disait très justement Antoine de Lavoisier (en direct de son laboratoire de chimiste), « rien ne se perd, rien ne se crée, tout se transforme ». La décoration *home made* procède ainsi de la récupération ou « customisation » de mobilier, d'objets, de revêtements, etc. Si vous aimez changer votre aménagement intérieur, apprenez à recycler, à rhabiller ou à déplacer votre mobilier plutôt que de le remplacer systématiquement.

4. Le mobilier dépareillé n'est pas très déco

Une table entourée de plusieurs chaises dépareillées peut donner toute une ambiance à votre salle à manger, comme si des convives de styles et d'âges différents se trouvaient assis là, prêts à se mettre à table.

5. Le mobilier change de mode sans arrêt

Les cycles de la mode du mobilier sont beaucoup plus lents que ceux de la mode vestimentaire et rien ne peut jamais être considéré comme passé de mode, en particulier tous les « grands classiques » du design.

6. Le mobilier se dispose contre les murs

Le mobilier n'a pas forcément sa place dos au mur. Un grand salon où les meubles sont disposés contre les murs à plusieurs mètres de distance a souvent un goût amer de terrain vague sans intimité. Pensez l'espace pour qu'on s'y sente bien partout : des canapés peuvent se faire face au milieu d'une grande pièce pour créer un tête-à-tête chaleureux, une bibliothèque adossée à un rideau de fil peut définir une partition transparente, des plantes en pot peuvent créer un îlot central de verdure, etc.

Comment transformer son chez-soi pour que la fête soit ?

Une fois n'est pas coutume…

- Jean-Charles va avoir 40 ans !
- Fred (à peine plus jeune) a enfin eu son bac !
- Santiago vient fêter chez vous le nouvel an !
- Votre petit bout souhaite inviter toute sa classe pour ses 5 ans !

Bref, vous n'y couperez pas. Que la perspective vous enchante ou non, vous avez très vraisemblablement une fête à orchestrer. Voilà donc quelques menus principes et autres idées déco au cas par cas qui vous aideront à changer de décor pour l'occasion, simplement le temps que la fête soit, la plus belle possible et le plus simplement du monde…

Les menus principes de la déco festive

1. Au commencement : *no* stress...

Vous avez lancé 50 invitations joviales (pensant que tout le monde serait en vacances ce jour-là) ; malheureusement, tout le monde a répondu oui à l'appel comme un seul homme (Fred, Jean-Charles, Ronaldo, Santiago... seront tous là). Certains ont même annulé leur week-end pour venir chez vous et nulle part ailleurs. Quelle pression ! Évidemment ça va être un peu *just* pour votre 50 m^2 qui gît sous cinq strates de foutoir ambiant, mais pas de panique, tout va bien se passer. Au stade de la préparation de votre fête à domicile « J moins un », on attend de vous un minimum de concentration, un peu d'organisation et beaucoup de décontraction...

2. Rangement express !

Un peu d'organisation pour un rangement des lieux s'impose avant toute chose car vous ne pourrez pas créer votre bonne ambiance festive à domicile dans votre bazar du quotidien, ça fait désordre. Personne ne se sentira vraiment à l'aise chez vous (vous encore moins) si votre table à repasser est garée au milieu du salon, votre canapé couvert de linge en vrac et la table de la cuisine parsemée de papiers importants. Si vous avez du temps, vous pouvez anticiper un minimum et ranger vraiment à fond (faire votre repassage et répondre une fois pour toute à vos trois mois de correspondance urgente). Si vous êtes débordée, passez en mode express en rangeant par thème : carton « courrier à classer », valise « repassage à faire », etc. Ainsi, tout votre désordre ambiant pourra disparaître en deux temps trois mouvements le jour J (de façon à réapparaître intact comme si de rien n'était le jour « J plus un »).

3. Déléguez vos pouvoirs

Au stade préliminaire de la préparation de votre fête à domicile, on attend aussi de vous beaucoup d'enthousiasme quand on vous propose un coup de main... Gardez quand même pour vous le repassage et le courrier à classer mais, pour le reste, acceptez sur-le-champ (presque) tout ce qu'on vous propose.

4. Pensez circulation routière

Avant de déplacer les meubles, caisses, cartons et autres objets encombrants, identifiez les zones potentielles d'embouteillage dans votre plan de circulation routière à domicile et faites en sorte de garer le tout comme il faut (ou de descendre les encombrants au garage ou au sous-sol, le cas échéant). Vous pouvez sacrifier une pièce pour tout entasser.

5. Définissez les pôles d'activité

Qui dit fête dit souvent buffet et même si vous avez la louable intention d'asseoir tous vos convives à table vous avez besoin d'un premier pôle d'activité apéro (informel en cuisine ou plus formel au salon), suivi d'un ou de plusieurs pôles d'activité tables (avec, dans le cas d'un dîner assis, plan de table conseillé), suivi d'un dernier pôle d'activité café (le plus souvent on repasse au salon avec coin fumeur au rappel sur le balcon). Pour l'option buffet, il est conseillé d'être logique et pratique (vous n'allez pas mettre les couverts sur une table et les assiettes à l'autre bout de la pièce). Faites comme si vous étiez chez Flunch ou au self du Resto U et regroupez les couverts et les assiettes, les verres et les boissons, les plats salés et accompagnements, etc.

6. Anticipez les pôles de regroupement

La nature a horreur du vide et l'invité a tendance à se regrouper, même là où vous vous y attendez le moins. Ne dégagez pas trop votre pièce principale avec effet piste de danse intimidante au milieu, disposez des tables où poser son verre et des fauteuils où se poser ici ou là si vous voulez que vos convives s'y sentent bien et ne viennent pas tous s'agglutiner dans votre chambre ou à la cuisine, dans les effluves de votre curry en cours de cuisson.

7. Mise en lumière festive

Contrairement à ce que l'on pourrait penser, la lumière festive est tamisée, diamétralement à l'opposé de l'éclairage plein phare. Douce, plurielle et colorée, la lumière de la fête doit provenir de plusieurs sources et si possible ne pas venir du plafond (sauf si c'est pour descendre très bas pour éclairer une table à manger ou table basse sous un grand abat-jour protecteur). Plus vos sources lumineuses seront dispersées, plus votre pièce paraîtra grande et permettra d'héberger plusieurs pôles d'activité et de regroupement. Pour un dîner buffet, chacun doit être en mesure de trouver sa place – assise et lumineuse – afin de se sentir bien. Au premier rang des sources lumineuses festives, économiques et faciles à disperser pour métamorphoser les lieux : la bougie, qui peut presque à elle seule donner un air de fête à votre appartement. Choisissez-les les plus grosses possible (pour éviter d'avoir à les changer toutes les vingt minutes) et les plus stables possible (pour éviter d'avoir à inviter *in extremis* la brigade des pompiers à votre petit dîner buffet).

8. Mobilier endimanché

Pour protéger votre mobilier ou lui donner un petit air de fête vous pouvez le recouvrir de tissu (ou de toile cirée) dans le thème de la soirée, de la saison ou du menu. Pensez par exemple à des tissus aux motifs africains pour accompagner une déco « out of Africa » ; à du Liberty pour fêter le printemps ; à des kilims pour un tajine marocain ; à des toiles aux couleurs pop pour un apéro Seventies ; à des draps blancs pour un anniversaire de mariage ; etc. Ces tissus envelopperont joliment tout votre mobilier, donneront à votre appartement une unité décorative immédiate et protégeront vos meubles, canapés et autres fauteuils contre les chocs, taches de vin et autres menus dégâts.

9. Gestion des stocks (*quid* du boire et du manger ?)

Prévoyez l'emplacement des stocks pour parer aux difficultés de réapprovisionnement du buffet et pensez à dissimuler de grosses poubelles aux endroits stratégiques, sans quoi vos lieux auront beau être au top, il y régnera un chaos d'épaves de bouteilles et d'assiettes sales au bout d'une heure de festivités bien arrosées. Côté boisson, le plus simple c'est souvent de poser les bouteilles de vin pleines sur la table et de glisser les bouteilles vides en dessous au fur et à mesure. Pour les jus de fruits et le champagne qui doivent rester au frais, si votre réfrigérateur est plein, pensez à les entreposer sur le balcon ou à les coucher dans la baignoire remplie de glaçons.

10. Gestion des entrants (*quid* du bouquet de fleurs ?)

« C'est gentil d'avoir apporté des fleurs »... c'est vrai que c'est sympa, mais tous vos vases sont déjà réquisitionnés ; vous n'avez pas que ça à faire ; et à moins que vos invités se soient passés le mot pour ne vous apporter que des roses blanches, vous risquez de vous retrouver avec une cacophonie florale à domicile en moins de deux, donc prévoyez un maximum de vases disponibles ; mettez un grand seau d'eau à l'entrée pour vous débarrasser le plus rapidement possible des bouquets les plus encombrants ; et faites le tri (oubliez certains bouquets moches dans le seau et utilisez les autres à bon escient pour décorer les lieux en évitant coûte que coûte de les disposer en rang d'oignon façon loge de star).

11. Gestion des sortants (*quid* du vestiaire ?)

Prévoyez un minimum de lumière, de place et d'organisation côté vestiaire tout au long de la soirée sans quoi chaque départ sera l'occasion d'un jeu de cache-cache infernal.

Les cas par cas particuliers

1. Le cas pendaison de crémaillère

Avant d'avoir complètement refait les peintures, changé la moquette et posé les voiles aux fenêtres, c'est l'occasion où jamais de lancer les invitations pour une fête où (presque) tout sera permis... Favorisez la déco « look de chantier » rétro chic avec malles en guise de mobilier, gros coussins pour s'asseoir, tissus éclatants (rouges décadents) pour donner du panache à tout ça et éclairage tamisé de fortune pour un peu de magie (bougies par dizaines, films plastiques de couleur sur toutes les ampoules nues, etc.). Jouez les décalages : sortez l'argenterie même si la cuisine est encore en vrac, posez un chandelier sur le buffet même si celui-ci est fait de cartons empilés...

2. Le cas 40 ans de Jean-Charles

Jean-Charles a des amis, il en a très précisément 40, vous voyez, ça tombe bien... Vous n'en connaissez pas un seul, favorisez donc une décoration pas trop *trash* (évitez la boule disco de ses 20 ans au plafond) et un buffet pas trop déroutant non plus (évitez le tartare de cheval pour tout le monde).

3. Le cas Fred a eu son bac

C'est purement symbolique mais il faut marquer le coup (ça fait quand même 5 ans qu'on attend ça en promettant à Fred une super-fiesta s'il arrive enfin à décrocher la moyenne). Favorisez une déco pleine d'humour avec photos studieuses de Fred depuis son plus jeune âge, affichage de l'historique de tous ses cahiers de notes ou rétroprojection du minifilm de Fred à l'annonce des résultats suivi de l'interview délirante du héros.

4. Le cas goûter d'enfants terribles

Un anniversaire d'enfant ne va pas sans son kit déco joyeux, gourmand et coloré : confettis, bonbons, petits jouets et bien sûr ballons de couleur un peu partout (notamment sur la porte pour dire que c'est bien là, chez vous, que va se dérouler le prochain carnage d'anniversaire). Pour sortir un peu des sentiers battus, pensez à acheter, garnir de surprises (petits jouets, bonbons, etc.) et suspendre chez vous une Piñata (voir carnet d'adresses). Ce jeu, d'origine latino américaine, offre une solution à la fois très décorative, originale et faisant office d'activité ludique pour les enfants (de 4 à 14 ans).

5. Le cas réveillon de Noël ou nouvel an

Comme pour l'anniversaire des enfants, le réveillon de Noël ou du nouvel an ont leur univers décoratif associé : guirlandes, boules de Noël, étoiles, saladiers de fruits secs et biscuits, bouquets de houx, sapin garni et beaucoup de bougies. Vous pouvez aussi disposer dans des plats ou suspendre des oranges piquées de clous de girofle qui parfumeront les lieux de leurs saveurs mielleuses et les offrir aux invités au moment du départ, ou penser, à l'occasion de ces fameuses « fêtes de fin d'année », à d'autres idées de « cadeau déco ». Chaque invité sur le départ peut par exemple emporter une décoration du sapin, un brin de houx, une bougie de son choix, un sachet de biscuit ou telle autre des friandises disposées en sachets individuels de façon décorative dans des corbeilles ou des plats. Les fêtes de fin d'année sont associées au don et c'est le principe de la décoration éphémère et généreuse qui régnera chez vous, la décoration dont chacun pourra emporter un échantillon chez soi…

10 PIÈCES DE MOBILIER INDISPENSABLES À VOTRE AMÉNAGEMENT

1. Un lit

Pièce paresseuse maîtresse de votre appartement, votre lit peut se vêtir de décorations multiples des plus simples (la belle housse de couette facile à border) aux plus garnies (coussins moelleux, plaids confortables, couvertures chaleureuses, couvre-lit majestueux).

2. Un réfrigérateur

La décoration du réfrigérateur (surtout s'il est « blanc réfrigérateur ») peut aller tous azimuts à l'aide d'aimants permettant de fixer des photos (tout noir et blanc ou couleurs), des dessins (renouvelés au rythme des arrivées), des notes (et blagues plus ou moins drôles concernant les calories que vous avez l'intention de perdre pour enfiler dignement votre superbe Bikini l'été prochain), etc. Vous pouvez aussi animer votre frigo blanc à l'aide de stickers de toutes sortes (pour vitres ou pour murs). Enfin, vous pouvez opter pour l'achat d'un frigo déco (type Smeg® ou autre modèle « rétro ») qui fera office de mobilier déco sans que vous ayez besoin d'y ajouter quoi que ce soit.

3. Une cuisinière

Déesse de l'élément Feu dans votre cuisine, la cuisinière peut constituer un mobilier déco important si vous y mettez le budget, que ce soit dans un style rétro (style Hag®) ou très contemporain (style Bulthaup®). En revanche, abandonnez toute entreprise de customisation (peinture, papier peint, etc.) qui risquerait de ne pas supporter longtemps les effluves torrides de vos petits plats.

4. Une table

La parure déco de la table, c'est le plus souvent une nappe (en coton ou toile cirée) à changer aussi souvent que possible en fonction des occasions. Vous pouvez aussi décorer votre table de façon plus sédentaire en collant sur le plateau de la faïence ou des morceaux de carreaux cassés pour transformer une simple table à quatre pattes en bois en objet déco *home made* facile à nettoyer.

5. Des chaises

Qu'elles soient joliment dépareillées ou sagement en provenance de la même famille, toutes les chaises peuvent se déguiser facilement à l'aide de tissus noués aux quatre coins de l'assise, de coussins plats ou d'un coup de peinture qui peut les mettre dans le ton de la table autour de laquelle elles se réunissent.

6. Un canapé

À l'occasion d'une fête, pour égayer un sofa qui a passé l'âge ou simplement pour changer de couleur quand l'envie vous prend, votre canapé peut être décoré d'une grande pièce de tissu, plaid ou couverture, aussi facilement qu'on poserait une nappe sur une table. Des coussins multicolores ou de motifs variés peuvent donner un peu de fantaisie à un canapé uni ou en cuir sombre.

7. Des meubles de rangement

Pour un effet camouflage et/ou déco efficace, toutes les portes de vos meubles de rangement lambda peuvent subir le même traitement décoratif que vos murs : peinture, papier peint, stickers, etc.

8. Une poubelle

Vous pouvez cacher vos poubelles discrètement dans les placards, sous les tables ou derrière les portes, ou au contraire en faire des objets décoratifs remarqués, notamment dans la cuisine, où la poubelle grand format est vivement recommandée. Vous trouverez des poubelles de cuisine rutilantes tout inox de tous formats. Dans les autres pièces, vous pouvez habiller vos corbeilles à papier en harmonie avec la décoration (tissus, papier peint, etc.).

9. Un portemanteau

Utile dès l'arrivée, le portemanteau peut se résumer à la pose de plusieurs crochets au mur ou à un objet en pied. Dans les deux cas milles possibilités décoratives s'offrent à vous. Sur le mur, choisissez des crochets rétros joliment alignés, des crochets folklo disposés à différentes hauteurs, un sticker mural ou une peinture permettant de jouer sur cet accrochage mural. Le portemanteau peut aussi faire le malin tout en couleur, en imitant les branches d'un arbre, etc. Optez pour des modèles inventifs et originaux pour ce modeste mobilier auquel vous confierez la lourde tâche de portez vos manteaux et ceux de vos hôtes.

10. Des lampes

Voir les vastes possibilités pour décorer vos lampes et les nombreux conseils pour régler l'éclairage de votre appartement pile poil dans le chapitre lumineux concerné (chapitre 5).

chapitre 7

Comment aménager une chambre de plus

Vous allez avoir un nouveau colocataire ?

Il arrive… sauve qui peut !

L'échographie est formelle, « il » ou « elle » occupe déjà toute la place sous la peau tendue de votre nombril qui semble avoir des qualités extensibles supérieures à celles de votre petit deux-pièces de 40 m^2.
Il arrive… sauve qui peut !
Le meilleur copain de votre petit Nicolas vient dormir à la maison ce soir. Après avoir répété dix fois à sa mère que rien n'était plus facile, vous vous demandez si elle appréciera que son fils passe finalement la nuit chez vous entre deux fauteuils à même la moquette du salon.
Il arrive… sauve qui peut !
Le mail ne prête pas à confusion, c'est bien Santiago *echo en Mexico* qui vous demande le gîte et le couvert pour une escale à durée indéterminée dans la métropole et vous annonce en prime son numéro de vol charter et horaire approximatif d'arrivée.

Comment créer une chambre « en plus » sans déménager, ou comment créer un mur sans briques ni truelle

Small is beautiful… La petite taille d'une pièce ou d'un appartement est une contrainte inespérée qui pousse votre imagination, aiguise votre exigence, optimise vos choix. On fait bien tenir des petits bijoux décoratifs dans de minuscules caravanes ou sur des péniches pas plus hautes de plafond que la cabane des nains de *Blanche-Neige*, alors vous pouvez bien donner à votre studio des allures d'infini sans attendre d'emménager dans trois fois plus grand, d'ailleurs si le mot studio vous étrique, parlez plutôt de votre loft de 12 m^2 (comme vous l'avait dit très justement votre agent immobilier)…

Le mur rideau : partition acoustique

Un grand rideau tiré pour séparer la pièce. Vous pouvez même recycler des couvertures ou tout autre tissu épais en double épaisseur. Pour optimiser le look et l'efficacité acoustique de votre mur rideau : accrochez la tringle au plafond (ou tendez un câble le plus haut possible) et laissez dégringoler les tissus jusqu'au ras du sol.

Le mur bibliothèque : partition de rangement

Les bibliothèques et autres cubes de rangement empilés les uns sur les autres créent des partitions épaisses et bien utiles pour y caser tout ce qu'on a besoin d'avoir à portée de main d'un côté ou de l'autre. Vous pouvez décorer le dos de ce mur de rangement avec du papier ou un tissu si possible isolant (feutre, couverture, toile molletonnée).

Le mur de fils : partition perméable

Le rideau de fil permet une partition légère de la pièce avec transparence et lumière filtrante, idéal au dos d'un canapé qui serait posé au milieu de la pièce pour définir l'espace salon de la salle à manger. Dans le même esprit ou du moins pour le même effet dans un look un peu plus système D, vous pouvez aussi suspendre de la toile transparente à bulles vendue en rouleau dans les magasins de déco bricolage.

Le mur miroir : partition trompe l'œil

Pour couper la pièce en deux sans avoir l'impression de la diminuer de moitié, jouez l'effet trompe l'œil à l'aide d'un grand miroir au milieu de la pièce, suspendu au plafond, posé sur un meuble, adossé à un pupitre ou accroché à tout ce que vous pouvez bien avoir besoin de mettre derrière : commode, bibliothèque ou autre mobilier de rangement.

Le mur paravent : partition éphémère

Mobilier finalement très peu utilisé, le paravent vous permet pourtant de déplier un mur exactement où vous voulez et quand vous voulez selon les besoins de dernière minute (belle-maman vient dîner à la maison et trois semaines de repassage s'entassent dans le coin nord-ouest du salon ; Fred vient dîner à la maison et fini ivre mort sur le canapé...).

Le mur en pots plantés : partition chlorophylle

Après le mur planté du musée du quai Branly, voici le mur en pots plantés qui consiste à créer une partition de verdure dans votre pièce pour y définir deux espaces, salon d'un côté et salle à manger de l'autre, ou cuisine d'un côté et salon de l'autre. Une bonne solution pour habiller le dos d'un meuble (côté salle à manger) ou d'un sofa (côté salon).

Comment arranger une chambre d'enfant facile à ranger en un instant

– « Va ranger ta chambre ! »
– « Supercalifradgilistic expialidouchess. »

Ça vous rappelle quelque chose ? Dommage… N'en déplaise à vos bambins, Mary Poppins n'existe pas plus que le Père Noël, et ranger sa chambre n'est pas toujours une partie de plaisir. Coffres, boîtes, filets… voilà toutes nos formules magiques pour faire disparaître le bazar qui peut se répandre instantanément dans une chambre d'enfants, comme par enchantement…

Les coffres à jouets

Numéro un sur le podium du mobilier de rangement pour enfants : le bon vieux coffre à jouets fait un peu office de grenier magique et mystérieux dans une chambre.

(+) On aime… son look rétro indémodable ; sa docilité à porter les couleurs de la pièce après application de quelques coups de peinture ou autres motifs adhésifs ; sa double casquette en version banc, canapé ou table de nuit ; la variété des modèles que l'on trouve aussi bien dans les vide-greniers que dans les grands magasins.

(–) On aime un peu moins… le souk qui règne à l'intérieur des « coffres abîmes » jamais rangés ; le fond tapissé de poussière des « coffres poubelles » jamais vidés ; les doigts qui peuvent se faire pincer très fort des « coffres attrape-souris » non munis de systèmes de sécurité (corde ou chaînette pour maintenir la porte ouverte et cale ou mousse pour éviter qu'elle se ferme trop brusquement).

Les boîtes

Mettre en boîtes est la solution idéale pour ranger, empiler, stocker.

(+) On aime… les boîtes à roulettes façon poussettes ou chariots qui aideront bébé à faire ses premiers pas ; l'effet linéaire d'une collection de jolies boîtes sagement alignées ; la customisation originale des boîtes en bois et en carton avec étiquetage possible en fonction des contenus (cubes, puzzles, feutres).

(–) On aime moins... quand le contenu de toutes ces jolies petites boîtes se retrouve mélangé au grand complet : c'est à vous de jouer pour tout ranger.

Les caisses en polypropylène

Les caisses en polypropylène désignent d'un nom barbare les boîtes en plastique vendues à tous les coins de rue.
(+) On aime... les déplacer surtout quand elles ont des roulettes (« roller box ») ; les empiler façon tour Montparnasse dans un coin de la chambre pour dégager la piste ; les nettoyer facilement à l'eau et surtout repérer en un coup d'œil ce qu'elles ont dans le ventre à travers leurs parois transparentes.
(–) On aime moins... les défauts de leurs qualités, à savoir le contenu foutoir visible en transparence et le plastique ou polypropylène (matériau pas très beau s'il en est). Cela dit, à vous de voir, car elles existent transparentes ou opaques, petites ou grandes (plus de 50 litres), empilables ou dotées de roulettes. Surtout réfléchissez bien avant d'acheter votre première boîte (elle ne sont pas toutes compatibles) : choisissez le juste format, vérifiez la qualité du couvercle et assurez-vous que vous pourrez retrouver facilement le modèle pour agrandir votre collection si besoin.

Les tables à corbeille

La table à corbeille est sans doute le mobilier le plus astucieux jamais inventé pour dresser et ranger d'un geste une table de jeux pour enfants. On trouve différentes tables à corbeille dans le commerce, mais on peut aussi la fabriquer soi-même. Il s'agit tout simplement d'une table basse, ronde de préférence, évidée en son centre pour y encastrer une corbeille, y accrocher un filet ou y glisser un bac.

Le mobilier empilable

Très souvent exploité côté jardin, le mobilier empilable offre dans une chambre d'enfant un gain d'espace au sol et quelques solutions de rangement « deux en un » appréciables : tabourets empilables transformables en étagères, boîtes empilables transformables en tabourets, etc.

Le filet de rangement

Le filet de rangement autrefois réservé à l'accrochage des oignons, fruits et légumes en cuisine (version inox) investissent aujourd'hui les chambres d'enfant (version polyester). Les modèles à ressort se posent au sol comme des corbeilles, tandis que les modèles suspendus font prendre de la hauteur aux peluches et autres doudous pour utiliser tout « l'espace » de rangement d'une chambre d'enfant.

Le *bazar corner* de la chambre d'enfant

Quelle que soit la pièce de la maison, on distinguera toujours deux options de rangement : l'option *on display*, qui expose les objets, et l'option « caché c'est rangé », qui tend à tout masquer. Côté chambre d'enfant, c'est la seconde option que nous vous recommandons, avec la création d'un *bazar corner*. Dans un coin de la pièce, sous une tente, derrière un paravent ou un rideau, vous n'aurez plus qu'à rassembler tout le bazar pour un rangement express. En prime, cet espace de rangement deviendra sans doute l'espace de jeu favori des enfants fans de cabanes, cachettes et autres petits espaces à explorer.

Comment décorer, protéger et nettoyer les murs d'une chambre d'enfant

Ce serait marqué sur l'étiquette : « Chambre d'enfant lavable en machine ». Le rêve... Une chambre d'enfant où tous les coups de crayon seraient permis (ou presque). Sans vous promettre le nirvana, voilà quelques conseils pour toujours revoir la vie en rose quels que soient les dégâts opérés par vos petits monstres, bien élevés mais néanmoins malicieusement bordéliques et passablement dégoûtants.

Le propre : mat ou brillant ?

On vous dira que le mat a fait beaucoup de progrès, et c'est vrai : on trouve aujourd'hui de la peinture mate de qualité, tout à fait épongeable et résistante. Néanmoins, si vous voulez une véritable surface lavable, rien ne vaut une bonne couche de brillant, pour les portes en particulier, souvent manipulées par des doigts pleins de chocolat...

Le papier peint

Le papier peint offre une solution idéale pour donner un coup de propre à vos murs sans avoir à tout repeindre. Posé à hauteur d'environ un mètre (avec frise enfantine en option) il masquera les taches et vous pourrez le remplacer sans trop de bazar par une autre couche de papier une fois que le précédent sera lui-même couvert de graffitis. Les papiers portant mention spéciale « totalement strippable » sont justement conçus pour être faciles à décoller.

Le sticker mural

Dans une chambre d'enfant, la décoration adhésive consiste à recouvrir les murs les plus exposés avec des adhésifs colorés ou à motifs variés. Ces films adhésifs, qui s'appliquent et se décollent facilement sans laisser de traces, constituent en prime une protection murale efficace, ludique et renouvelable.

Le mur d'exposition permanente

« S'il te plaît, dessine-moi un mouton… », oui mais pas sur le mur s'il te plaît !

Avant de faire le mur le samedi soir, votre enfant commencera sans doute par refaire vos murs tous les mercredis, à coups de feutres ou de crayons, d'autocollants ou de gommettes, de traces de balles ou autres projectiles que vous ne pouvez lui interdire, c'est sa chambre après tout…

Qu'à cela ne tienne ! Faites du mur un lieu d'expression en devançant vos enfants dans leur propre démarche artistique : puisqu'ils ont tendance à colorier partout couvrez les surfaces à préserver de tableaux noirs ou de films blancs effaçables (Veleda pour ne citer que la marque la plus connue). Et pour éviter que les dessins soient directement affichés au mur, pensez aux feuilles de liège pour les punaiser ou à la peinture métallique pour les aimanter.

Question mobilier

Disposez de préférence les armoires, commodes et autres meubles de rangement contre les murs afin de protéger ceux-ci des coups de pieds et de crayons. À l'inverse, éloignez des murs les meubles « salissants » : le lit et les traces de pieds qui l'accompagnent, ou le bureau et ses jets d'encre intempestifs.

BON À SAVOIR

En matière de propreté, dans une chambre, adoptez au moins une de ces deux attitudes…

La première est vigilante : « mieux vaut prévenir que guérir… » (ne donnez jamais à manger aux fauves dans leur chambre ; mettez-leur à disposition des feutres lavables plutôt que des marqueurs indélébiles…).

La seconde est fataliste : « laissez faire, laissez passer… » et refaites joyeusement chaque année la déco de la chambre de vos enfants.

10 CHAMBRES INSTANTANÉES POUR 10 ARRIVÉES SURPRISE

1. Il/elle va bientôt naître !

Dans un premier temps, si vous n'avez pas de place pour il/elle ailleurs, aménagement express d'un coin chambre dans votre chambre : commencez par trouver une petite place pour son petit lit et habillez le tout avec un petit baldaquin, un « ciel de lit » ou du mobilier tout autour de façon à créer une petite « boîte de nuit ».

2. Jean-Charles refuse de partager sa chambre une nuit de plus avec il/elle !

Au bout de quelques semaines il/elle fait ses nuits et Jean-Charles aimerait bien retrouver les siennes dans vos bras : passage de il/elle dans la chambre du petit Nicolas avec partition plus marquée entre les deux lits (bibliothèque toute hauteur, rideaux, etc.).

3. Petit Nicolas refuse de partager sa chambre une nuit de plus avec il/elle !

Ça se complique, il faut donner au petit Nicolas quelque chose à se mettre sous la dent ou il ne va faire qu'une bouchée de il/elle qui commence justement à prendre beaucoup de place. L'heure est à l'aménagement d'une mezzanine ou à l'achat d'un lit surélevé ou superposé pour que petit Nicolas prenne un peu de hauteur et de distance avec tout ça.

4. Le copain de votre petit Nicolas vient dormir à la maison !

Faire comme si tout était parfaitement normal, petit Nicolas a le droit d'inviter ses amis à dormir à la maison, même si vos 6 mois de nuits blanches commencent à peser sur les cernes (alors que Jean-Charles rattrape gaillardement son sommeil à coups de voyages d'affaires à répétition). Solution : lit tiroir ou étage bas du lit superposé (non occupé par il/elle qui est toujours dans son petit lit à barreaux).

5. Tante Yvonne nous rend visite le week-end prochain !

Pour tante Yvonne (qui vient voir il/elle pour lui offrir 3 m^3 de layette) ce serait sympa si vous pouviez passer votre chambre en la rendant la plus neutre possible afin qu'elle ne se rende pas compte qu'elle vous chasse de votre lit. Faites disparaître une grande partie des photos et bibelots, débarrassez une partie de vos affaires dans le placard pour qu'elle y mette les siennes, plantez un joli bouquet de fleurs dans un vase et sortez votre sac de couchage pour dormir sur le sofa du salon (comme par hasard, Jean-Charles vous annonce un voyage d'affaires ce week-end-là, comme ça tombe bien !).

6. Votre meilleure amie dépressive sonne à la porte !

Il est 2 h du mat', vous êtes seule (sans Jean-Charles et sans enfants), alors pas de chichis, on va pas y passer la nuit, Desperalda dormira dans votre grand lit ou sur le sommier tandis que vous dormirez par terre sur le matelas (recouchez-vous au plus vite et dites-lui que vous aurez tout le temps de reparler de ses gros problèmes le lendemain matin).

7. La mère de Jean-Charles occupera l'appartement tout l'été !

Autant dire que vous n'y mettrez pas les pieds ; en revanche nettoyage impeccable des lieux, c'est ça qui compte, rangement comme pour tante Yvonne, et ce coup-ci c'est Jean-Charles qui dormira sur le sofa.

8. Santiago *echo en Mexico* fait escale !

C'est plus difficile à gérer dans la mesure où l'escale est à durée indéterminée. Aménagez un coin de salon pour Santiago avec paravent et/ou réorganisation du mobilier. Il s'agit de lui donner un maximum d'intimité sans pour autant le laisser squatter votre salon pendant 2 mois.

9. Fred ne peut pas rentrer chez lui ce soir !

Devine qui vient dîner ce soir ? Si c'est Fred vous pouvez déjà sortir les draps car il a l'habitude de s'endormir sur le canapé après vos bons dîners tellement il s'y sent bien, tellement il se fait tard, tellement boire ou conduire il a depuis longtemps fait son choix.

10. Ronaldo débarque avec un bouquet de fleurs !

Avec un peu de chance, c'est dans votre chambre que vous pouvez lui proposer de passer la nuit et pas sur le sofa (qui commence à fatiguer à force de servir de lit d'appoint)…

chapitre 8

Comment remédier
aux 1 001 « taches » de la vie ménagère

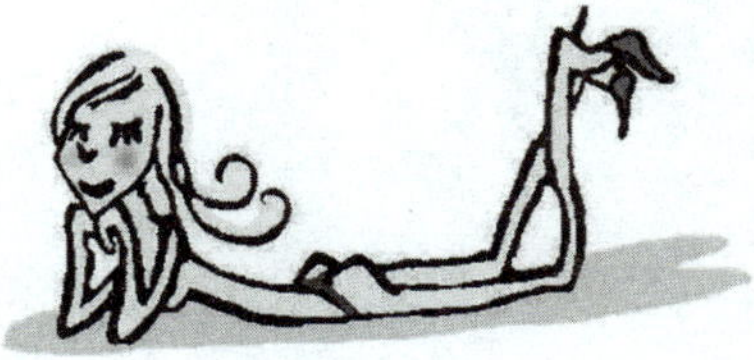

Vous pensez que vous allez y échapper ?

Avant de vous retrousser les manches, sachez pour info que le nettoyage de votre moquette ou de votre tapis par un professionnel vous en coûtera 4 € le m^2 (si la pièce est vide) et 5 € le m^2 (pièce meublée). Cela étant dit, voilà notre petit ABCdaire de la tache (en 33 taches clés) pour vous aider à remédier au plus vite aux aléas de la vie ménagère.

Le petit ABCdaire de la tache

Alcool : traitez le mal par le mal sans hésiter en appliquant sur la tache un mélange alcoolisé (moitié eau/moitié alcool à 90°). Saupoudrez de sel fin ou de talc. Laissez sécher et passez l'aspirateur.

Beurre : ce n'est pas bon du tout une tache de beurre. Raclez à la petite cuillère puis nettoyez avec un solvant (white spirit, benzine, essence), saupoudrez de sel fin ou de talc, laissez sécher puis brossez ou passez l'aspirateur.

Boue : laissez sécher (même si ça sent mauvais) puis grattouillez ou brossez (à la brosse sèche). S'il reste encore des traces, nettoyez avec un mélange d'eau et d'ammoniaque.

Bougie : résistez à la tentation d'intervenir immédiatement. Laissez sécher puis décollez délicatement au couteau (décoller de la cire de bougie devient le grand passe-temps des fins de repas). Pour les taches incrustées, repassez au fer doux sur un papier buvard puis nettoyez avec un solvant (white spirit, benzine, essence).

Café : comme chez le coiffeur, nettoyez à l'aide d'un chiffon imbibé d'eau tiède et de shampooing (ou de savon de Marseille).

Chewing-gum : une tache moins difficile qu'il y paraît. Frottez avec des glaçons jusqu'à ce que le chewing-gum se décolle en s'émiettant par petits morceaux.

Chocolat : si l'eau tiède ne suffit pas (le chocolat est souvent saturé de colorants), nettoyez avec un solvant (white spirit, benzine, essence) ou un mélange moitié eau/moitié alcool à 90°.

Cirage : la tache du papa pressé avant de partir au bureau qui astique ses bottines reluisantes… et la moquette au passage. Nettoyez avec un solvant (white spirit, benzine, essence), saupoudrez de sel fin ou de talc, laissez sécher puis brossez ou passez l'aspirateur.

Colle : choisir l'option éradiquer par le froid (frottez avec des glaçons jusqu'à ce que la colle s'émiette par petits morceaux) ou par le chaud (nettoyez à l'eau chaude pour dissoudre la colle). Si la tache résiste, nettoyez à l'acétone les tapis en laine et avec un mélange moitié eau/moitié alcool à 90° les tapis en fibres synthétiques.

Confiture : nettoyez à l'eau tiède plus ou moins alcoolisée selon l'ampleur du désastre (la tache de confiture est doublement coriace car elle cumule les déboires du sucre super-collant et du fruit super-colorant).

Encre : c'est la tache du stylo qu'on essaie de débloquer d'un coup (trop) sec ou les conséquences du capuchon perdu… Épongez façon buvard, puis nettoyez délicatement en tamponnant avec un mélange moitié eau/moitié alcool (changez de chiffon ou rincer l'éponge fréquemment).

Fruits : attention aux fruits rouges qui arrivent en tête dans la catégorie des taches tenaces. Nettoyez (le plus rapidement possible) avec un mélange 1/4 eau et 3/4 alcool à 90°.

Goudron : si la tache est encore sous la semelle, nettoyez avec un solvant (white spirit, benzine, essence) ; si la tache est déjà sur le tapis, saupoudrez de sel fin ou de talc après avoir nettoyé au solvant, laissez sécher puis brossez ou passez l'aspirateur.

Graisses : si le solvant que vous avez sous la main (white spirit, benzine, essence) ne donne aucun résultat ou si vous voulez éviter le pire, c'est le moment de découvrir la gamme de produits anti-taches de graisse (type K2R®, etc.).

Herbes : le jus d'herbe pressé est aussi coriace sur les sols que sur les genoux des pantalons. Nettoyez à l'eau chaude avec alcool, alcool à brûler, nettoyant surpuissant pour le linge ou shampooing pour tapis.

Huile : l'eau et l'huile ne font pas bon ménage, c'est bien connu. Nettoyez avec un solvant non dilué, saupoudrez de sel fin ou de talc, laissez sécher puis brossez ou passez l'aspirateur.

Lait : nettoyez avec un solvant (white spirit, benzine, essence) ou un mélange moitié eau/moitié alcool à 90°.

Légumes verts : il vous suffisait de ne pas les forcer à manger des épinards. Nettoyez à l'eau chaude avec alcool, alcool à brûler, nettoyant surpuissant pour le linge (type Ace®) ou shampooing pour tapis.

Mazout : spécial retour de plage pas cool. Nettoyez avec un solvant (white spirit, benzine, essence), saupoudrez de sel fin ou de talc, laissez sécher puis brossez ou passez l'aspirateur.

Mercurochrome : aïe, aïe, aïe ! Épongez le plus possible façon buvard (sans étaler) puis nettoyez délicatement en tamponnant avec un mélange moitié eau/moitié alcool (changez de chiffon ou rincer l'éponge fréquemment).

Moisissures : tamponnez avec un mélange d'eau et d'ammoniaque et surtout traquez l'humidité si vous ne voulez pas que les moisissures reviennent fleurir votre intérieur.

Œuf : dur… (si l'œuf ne l'est pas), car le jaune coulant est du plus colorant qui soit. Nettoyez avec un solvant (white spirit, benzine, essence) ou un mélange moitié eau/moitié alcool à 90°.

Parfum : tamponnez avec de l'alcool dénaturé ou de l'éther, ça sent moins bon mais c'est pour la bonne cause.

Peinture : la tache classique du peintre qui n'a pas pris le temps de protéger alentour. Frottez délicatement avec un chiffon imbibé d'essence de térébenthine puis saupoudrez de talc ou de sel fin. Laissez sécher complètement puis brossez ou passez l'aspirateur.

Rouge à lèvres : comme son nom l'indique c'est souvent rouge. Tamponnez avec de l'alcool dénaturé ou de l'éther.

Sang : nettoyez avec du vinaigre blanc pur. Si risque de décoloration sur certaines surfaces, nettoyez avec de l'eau gazeuse (type Perrier®). Le crime sera presque parfait.

Sucre : nettoyez à l'eau tiède légèrement alcoolisée à l'alcool à 90°. Pour info, l'aspartame ne fait pas grossir, ne fait pas de taches, ne fait rien.

Thé : une des plus grandes teintures naturelles qui soit ; on teintait jadis les voiles des navires pour atténuer leur blancheur, et cette teinture résistait sans pâlir à des mois d'eau de mer… Nettoyez à l'aide d'un chiffon imbibé d'eau tiède et de shampooing ou de savon de Marseille.

Urine : chien, chat, enfant, fou rire et la tache d'urine est vite arrivée… Épongez le plus possible puis nettoyez avec du vinaigre blanc pur. Si risque de décoloration sur certaines surfaces, nettoyez avec de l'eau gazeuse (type Perrier®).

Vernis à ongles : nettoyez avec du dissolvant, du vinaigre blanc pur ou un mélange moitié alcool à brûler et moitié éther rehaussé d'une goutte d'ammoniaque (prévoyez de vous refaire les ongles après l'opération décapante).

Vin blanc : ça aurait pu être pire (en rouge). Nettoyez à l'eau tiède avec une lessive pour linge délicat (type Woolite®), à l'ammoniaque ou au vinaigre d'alcool.

Vin rouge : nettoyez (le plus rapidement possible) avec un mélange 1/4 eau et 3/4 alcool à 90° ou imbibez de produit blanchissant (type Ace®), attention aux décolorations, à consommer avec modération...

Vomi : ôtez le maximum à la petite cuillère (gloups...), nettoyez à l'eau (froide sinon ça sent encore plus mauvais), puis avec de l'ammoniaque diluée.

Les 10 commandements de la tache

Souvenez-vous que 90 % des taches sont solubles dans l'eau et suivez les 10 commandements suivants pour parer à tous les dégâts sur la plupart des sols tissés, moquettes en particulier...

1. intervenez le plus vite possible quand la tache est encore « fraîche » ;

2. évitez de faire pénétrer la tache en frottant ;

3. absorbez les liquides (lait, jus de fruits...) au mouchoir ou à l'éponge ;

4. recueillez les produits (crème, peinture, confiture...) à la cuillère ;

5. supprimez les déchets superficiels (poudres, copeaux de crayon, etc.) à l'aspirateur ;

6. nettoyez les taches solubles avec un chiffon mouillé à l'eau sans savon ;

7. dégorgez la tache humide avec un chiffon propre et sec ;

8. laissez la tache sécher à l'air (ne jamais utiliser de sèche-cheveux) ;

9. utilisez un produit détachant pour les taches non solubles (taches grasses rebelles à l'eau : huiles, colle, peinture, vernis, etc.) ;

10. lisez toujours attentivement les notices avant d'appliquer quoi que ce soit au sol ou au mur, car un produit pas adapté fera plus de mal que de bien en fixant ou en étalant les taches (n'utilisez jamais de produits chlorés type eau de Javel qui provoquent des décolorations irréparables).

chapitre 9

Chapitre bonus

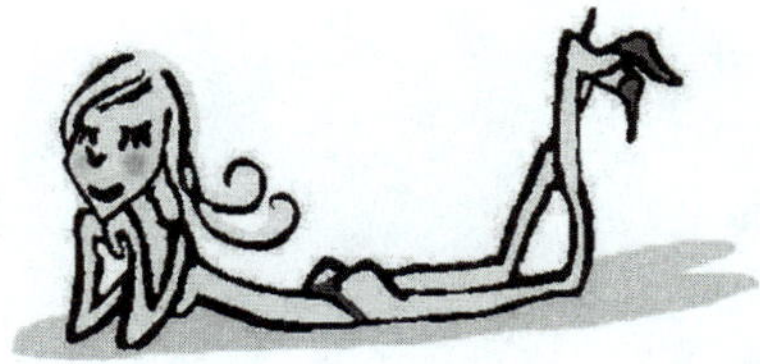

Le carnet d'adresses de Cendrine

Antiquités, brocantes

Emmaüs Bougival

Dénicher pour mieux récupérer : le rêve !
7, île de La Loge
78380 Bougival
01 39 69 12 41

Puces de Saint-Ouen

Y aller un dimanche tôt de préférence et déjeuner sur place...
140, rue des Rosiers
93406 Saint-Ouen
01 40 12 32 58

Décorateur, objets d'art et antiquités

L'autre maison

54, av. de la Motte-Piquet
75015 Paris
01 45 67 68 07
Fabrice Diomard
06 14 17 11 35
www.lautremaison.fr

Restaurateur de mobilier tapissier

Esteban Bordeaux

H2, rue Lucien-Faure
Bassins-Flots
33 300 Bordeaux
Gironde/Aquitaine
06 11 01 97 46

Photographie d'art

Titouan Lamazou

www.titouanlamazou.com

01 48 03 27 47

Si vous cherchez la photographie qui sublime la femme, son quotidien et ses paysages aux quatre coins du monde, l'artiste peintre et navigateur Titouan Lamazou est l'homme de la situation. Avec ses milliers de portraits et témoignages sur les femmes du monde, consacrés par un livre superbe (Gallimard), une grande expo au musée de l'Homme et toutes les manifestations qu'il organise autour de ce vaste programme (la Femme !)…

Katrin Vierkant

www.4kant.de

01 48 05 38 63 (ou 06 83 05 93 24)

Artiste allemande d'origine, Katrin Vierkant est l'auteur de photographies aussi belles qu'intrigantes, qui ouvrent la perspective, redessinent l'espace. Rendez-vous sur son site pour en (sa)voir plus.

Architectes

Agence L. S. L.

www.lslarchitects.com

01 48 00 09 65 (ou 06 78 47 35 57)

À la fois architectes bâtisseurs, architectes d'intérieur et décorateurs, Anki Linde, Pierre Saalburg et Trolls Lerfeldt sont basés à Paris et à Londres mais exercent dans toute l'Europe. Leur travail plusieurs fois présenté dans des magazines de décoration et d'architecture témoigne de leur attention au détail de la rénovation d'un appartement à la construction d'une abbaye cistercienne !

Steven Ware Architecte

ware.steven@gmail.com
01 40 21 80 41 (ou 06 62 45 80 41)
Conseil en architecture et suivi de chantiers professionnels ou particuliers (le plus souvent de taille et de complexité élevées !), Steven Ware travaille en France et en Belgique, notamment pour l'agence Art & Build (www.artbuild.com).

Architectes d'intérieur et d'extérieur

Anne Orlowska

06 22 93 24 18

Fanny Piriou

Styliste-décoratrice, grande spécialiste de la couleur.
fanny.pirilou@wanadoo.fr

Jean-François Auboiron

Mon architecte préféré : pour son style, son originalité, sa gentillesse.
01 43 59 47 40
JF@AUBOIRON.NET

Steven Ware

ware.steven@gmail.com

Boutiques articles déco

Arzinc

Certainement l'une de mes plus belles rencontres avec un artisan... Mélange de tradition et de modernité.
84, rue de la Chapelle
75018 Paris
01 40 09 74 46
arzinc@aol.com

Bineau

Rideaux, tissus, moquette, parquet, peinture, le tout dans un très bel endroit.
9/11 et 10/12, bd Bineau
92300 Levallois-Perret
01 45 57 16 00

Caravane

Ne ratez pas cette belle adresse parisienne et demandez à rencontrer François Dorget.
6, rue Pavée
75004 Paris
01 44 61 04 20

Cultura Ekobo

Quand vous pensez commerce équitable.
4, rue Hérold
75001 Paris
01 45 08 47 43

DOM

Une véritable caverne d'Alibaba pas cher : le top !
21, rue Sainte-Croix-de-la-Bretonnerie
75004 Paris
01 42 71 08 00

Elitis

Les tissus d'éditeur : style, création, inventivité.
35, rue de Bellechasse
75007 Paris
01 45 51 51 00
contact.paris@elitis.fr

Flos

Et que la lumière soit… le grand spécialiste de la lumière et des artistes designers.
15, rue de Bourgogne
75007 Paris
01 53 85 49 93

Ibrides

3, passage de la Bonne-Graine
75011 Paris
01 43 55 12 94

Les Touristes

Pour l'originalité du décor et la diversité des objets déco.
17, rue des Blancs-Manteaux
75004 Paris
www.lestouristes.eu

Maxalto

Un lieu de déco mais aussi d'exposition où vous serez toujours bien reçu.
43, rue du Bac
75007 Paris
01 53 63 25 10

Moss

Pour moi, la plus belle boutique de design dans le monde, à la pointe de la tendance.
146, Green Street
NYC 10012

Silvera

Ma boutique pour le design contemporain, lieu d'inspiration.
58, av. Kléber
75016 Paris
01 53 65 78 78

Steiner

Une grande marque de design : français, masculin, féminin.
67, bd Raspail
75006 Paris
01 45 48 94 61

Teo Jasmin

Si vous aimez la photo dans le décor, comme moi, vous allez craquer.
8, rue Malher
75004 Paris
01 40 29 07 88
www.teojasmin.com

Boutiques Mode

Chantal Thomass

Une bonbonière en haut lieu de beauté et de déco à ne rater sous aucun prétexte !
211, rue Saint-Honoré
75001 Paris
www.chantalthomass.fr

Jean-Charles de Castelbajac

Je l'adooore !! Sa boutique, c'est son lieu, c'est lui.
10, rue de Vauvilliers
75001 Paris
01 55 34 10 10

Papier peint en trompe l'œil

The Collection

Le grand ruban du papier peint ne serait rien sans eux.
33, rue de Poitou
75003 Paris
01 42 77 04 20

Hôtels

Hôtel Costes

Allez dans ce lieu : c'est autant pour le décor (Jacques Garcia) que pour les propriétaires…
239, rue Saint-Honoré
75001 Paris
08 26 10 12 86

Les Fermes de Marie-Megève

Comme une ferme à la montagne : simple raffiné.
Chemin de Riante-Colline
74120 Megève
04 50 93 03 10

Mama Shelter

Le vrai pari réussi du design pour tous… dans un hôtel pour tous.
109, rue de Bagnolet
75020 Paris
01 43 48 48 48

One by five Hotel

Motel surréaliste : tout se joue de la lumière et du numérique.
3, rue Flatters
75005 Paris
01 43 31 52 31
www.onebyfive.com

Restaurants

Bound

Encore et toujours lui… Starck est un génie.
49/51, av. Georges-V
75008 Paris
Restaurant QG des Paresseuses, belle ambiance lumineuse…

Mme Shawn

56, rue de Lancry
75010 Paris
01 42 38 07 37

34, rue Yves-Toudic
75010 Paris
01 42 08 05 07
Restauration, décoration et mise en lumière thaï (éloge de l'ombre).

Artisans

Philippe Boulet

Des meubles lumineux. Un véritable artisan.
105, rue des Dames
75017 Paris
01 45 24 25 78
phb@philippebouletcreation.com

Sonia Bonnamour

Les trompe-l'œil n'ont pas de secret pour Sonia, tellement jolie.
(platine, panoramique, trompe l'œil…)
131, rue Saint-Denis
75001 Paris
contact : Ludovic Dupont
06 03 23 18 95

Imposture visuelle

Christophe Koziel

Un de mes chouchous, je l'avoue ! Il refait le monde du décor tout en trompe l'œil.
30, rue du Triez
59290 Wasaquehal
03 20 97 98 19

Déco jardin

Le Prince Jardinier-Deyrolles

La plus belle enseigne pour dénicher des objets curieux.
44, rue du Bac
75007 Paris
01 44 55 07 15

Sabz

Avez-vous pensé à votre petit bout de jardin design ?
22, rue Rottembourg
75012 Paris
01 40 21 30 05
(création contemporaine en matière de design d'extérieur)

Galerie

Avant-Scène d'Elysabeth Delacarte

Encore une adresse incontournable : bavardez avec Elysabeth et vous ferez un voyage dans le monde de l'art
4, place de l'Odéon
75006 Paris
01 46 33 12 40

Arts de la table

(voir aussi les grands magasins)

Alessi

Une marque italienne, on ne se refait pas ! Un grand spécialiste de la table.

31, rue Boissy-d'Anglas
75008 Paris
01 42 66 31 00
www.alessi.com

Baccarat

La grande maison du verre : tradition et modernité. Pensez aux bijoux...
17, rue de la Paix
75002 Paris
01 42 44 18 45
www.baccarat.com

Bernardaud

Une très grande marque française familliale, qui travaille avec de grands noms du design. Un Art de la table avec un grand A.
11, rue Royale
75008 Paris
01 47 42 82 66
www.bernardaud.fr

Christofle

J'aime les couverts par-dessus tout.
9, rue Royale
75008 Paris
01 55 27 99 00
pavillon.royale@christofle.com
www.christofle.com

Deshoulières

Pour son assiette blanche : pure, simple, belle.
Show room :
14, av. de l'Opéra
75001 Paris
01 42 46 43 74
www.deshoulieres.com
Arts de la table, cristallerie, vaisselle, orfèvrerie, porcelaines, faïences.

Laguiole

Son usine, ses couteaux, son design.
Galerie :
1, place Sainte-Opportune
75001 Paris
01 40 28 09 42
Boutique :
6, rue du Passage-de-la-Mule
75003 Paris
01 48 87 46 88
www.couteau-laguiole.com
Coutellerie artisanale.

Pic Woody's

av. du Président-Coty
21400 Châtillon-sur-Seine
03 80 91 11 35
ou 06 32 63 57 21 (Julien Duperray)
www.picwoodys.com
Articles de table et vaisselle en bois.

Potiron

Accessoires déco pas chers et colorés
57, rue des Petits-Champs
75001 Paris
01 40 15 00 38

Rosenthal France

So British.
32, rue Paradis
75010 Paris
01 53 34 04 44
rosenthal-wedgwood@wanadoo.fr

Treize à table

ZAC de la Croix-Blanche
5, rue des Mares
91700 Sainte-Geneviève-des-Bois
01 69 51 80 00
saintegeneviève@13atable.com
www.13atable.com
Supermarché des arts de la table.

Articles de décoration

Bonton

Les enfants ont une bonne et belle adresse.
82, rue de Grenelle
75007 Paris
01 44 39 09 20
www.bonton.fr
Boutique d'articles pour enfants.

Brandicourt

Flo Flo, vous allez l'aimer. C'est une grande spécialiste des antiquités de sport.
54, av. Victor-Hugo
75116 Paris
01 45 00 76 16
Brocante, antiquités. Articles de sport.

Coming B

Une de mes adresses pour les changements de décor de mes émissions.
65, rue du Bac
75007 Paris
01 42 84 91 81
www.comingb.fr

Galerie La Sensitive

264, rue Saint-Jacques
75005 Paris
01 43 54 78 32

Gelerie Sentou

Du design scandinave. La lampe en papier est un must.
26, bd Raspail
75007 Paris
01 45 49 00 05
www.sentou.fr

Le Bâteau de Safran

Un voyage en Inde, des tissus aux objets – le nouvel endroit où chaque objet est choisi avec beaucoup d'attention et de goût.
111, bd Beaumarchais
75011 Paris.
9, villa Riberolle
75020 Paris
01 43 70 15 71

L'Éclaireur (Fornassetti)

Entre mode très branchée et le pape du design.
3*ter*, rue des Rosiers
75004 Paris
01 48 87 10 22
www.leclaireur.com
www.fornasetti.fr
Vaisselle et objets du designer P. Fornasetti distribués à Paris par la boutique L'Éclaireur.

Pierre-Marie Couturier

Le grand specialiste de la Chine, de l'Inde, des voyages en esthète.
Pm Co style
5, passage du Grand-Cerf
75002 Paris
01 55 80 71 06
www.pmcostyle.com

Résonnances

Des couleurs et des couleurs, du mat au brillant.
3, bd Malesherbes
75008 Paris
01 44 51 63 70
www.resonnances.fr

Sensitive et Fils

31, rue Faidherbe
75011 Paris
01 43 72 33 96

Sur les traces d'Amapa

44, rue Trousseau
75011 Paris
01 43 38 84 61
tracesdamapa@free.fr
Écologie et design. Décorateurs, designers et scénographes.

Valérie Vais

Décoratrice spécialiste de l'événementiel.
v.vais@valerie-vais.com
www.valerie-vais.com

Papiers peints et tissus d'ameublement

Au fil des couleurs

31, rue de l'Abbé-Grégoire
75006 Paris
01 45 44 74 00
Papiers peints et tissus d'ameublement.

Dîners en ville

27, rue de Varenne
75007 Paris
01 42 22 78 33

Emery et Compagnie

Des Belges à Paris, des matières et des couleurs dans le carrelage
18, passage de la Main-d'Or
75011 Paris
01 44 87 02 02
paris@emeryetcie.com
www.emeryetcie.com
Rideaux, voilages et tissus d'ameublement. Décorateur, négoce de carrelages, dallages, peinture et vernis. Luminaires.

Jeannine Cros

Si les teintures de Jeannine Cros n'existaient pas, il faudrait…
11, rue d'Assas
75006 Paris
01 45 48 00 67
Linge de maison et linge de table (nappes et serviettes en lin teinté).

Manuel Canovas

canovas@manuelcanovas.fr
01 58 62 33 50
www.manuelcanovas.com
Tissus pour l'ameublement, passementerie. Linge de maison et linge de table.

Décoration florale et végétale

La galerie végétale

Des fleurs : ici, maintenant, à la folie.
29, rue des Vinaigriers
75010 Paris
01 40 37 07 16
lagalerievegetale@free.fr
www.lagalerievegetale.com

Office hollandais des Fleurs

www.fleursunpeubeaucoup.com
Regroupe et coordonne plusieurs fleuristes.

Épiceries, traiteurs, fromagers, caves, etc.

Fauchon

26, place de la Madeleine
75008 Paris
01 70 39 38 00
01 70 39 74 14 (vente à distance)
www.fauchon.com
Traiteur, pâtisserie, cave, épicerie de renom.

Ladurée

Maintenant, il existe le vert Ladurée.
75, av. des Champs-Élysées
75008 Paris
01 40 75 08 75
Pâtisserie, restaurant, salon de thé.

La Grande Épicerie de Paris

Un voyage au cœur des épices.
38, rue de Sèvres
75007 Paris
01 44 39 81 00
www.lagrandeepicerie.fr
Épicerie fine et cosmopolite.

Papeteries et fournitures

Marie Papier

Des mots sur des papiers, oui, mais quels beaux papiers.
26, rue Vavin
75006 Paris
01 43 26 46 44
www.mariepapier.fr

Muji

Un Japonnais à Paris : simple et chic.
47, rue des Francs-Bourgeois
75004 Paris
01 49 96 41 41
www.muji.fr

Parfumeries, bougies

Diptyque

Trouver le parfum pour sa maison : un joli défi.
34, bd Saint-Germain
75005 Paris
01 43 26 45 27
www.diptyqueparis.com
Parfumerie, cosmétiques et bougies.

Point à la ligne

Des bougies qui ne coulent pas sur la nappe ! Super !
67, av. Victor-Hugo
75016 Paris
01 45 00 87 01

Grandes merceries et magasins de loisirs créatifs

Bac + 3

122, rue du Bac
75007 Paris
01 42 22 77 01
Chaises de François Muraciole (voir page 102).

La Droguerie

9, rue du Jour
75001 Paris
01 45 08 93 27
www.ladroguerie.com
Mercerie et bonneterie (vente au détail).

Loisirs et Création

53, rue de Passy
75016 Paris
01 42 15 13 43
www.loisirsetcreation.com

Rougier et Plé

Des loisirs créatifs avec un petit plus déco.
13, bd des Filles-du-Calvaire
75003 Paris
01 44 54 81 00
www.crea.tm.fr
Mobilier, vaisselle et accessoires contemporains.

Grands magasins spécialisés mobilier et articles déco

Habitat

Un grand magasin de déco au cœur de la ville.
0 800 010 800 (numéro vert)
www.habitat.net

Ikea

Mon chouchou : se renouveler et inventer le style quoi !
0825 1 3000 (numéro vert)
www.ikea.com

The Conran Shop

Tellement anglais Mister Conran ! Londres à ne pas rater si vous y allez.
117, rue du Bac
75007 Paris
01 42 84 10 01
www.conran.com

Grandes quincailleries

BHV

Le BHV, je peux y rester des heures me perdre dans les rayons (déco surtout !...) !
Bazar de l'Hôtel-de-Ville
52, rue de Rivoli
75004 Paris
01 42 74 90 00
www.bhv.fr

Weber Métaux et Plastiques

Le grand spécialiste de la quincaillerie des métaux.
9, rue de Poitou
75003 Paris
01 42 71 23 45
www.weber-metaux.com
Métaux et alliages, quincaillerie.

Grands magasins (articles déco divers)

Cora

40, rue La Boétie
75008 Paris
01 53 93 06 93

Le Bon Marché

Le lieu, les vendeuses, l'étage déco, les expos... Paris quoi !
24, rue de Sèvres
75007 Paris
01 44 39 80 00
www.lebonmarche.fr

Les 3 Suisses

Catalogue déco surtout.
Service clientèle
59345 Croix Cedex
0892 691 500
www.3suisses.fr
Vente par correspondance et à distance.

Monoprix

Les confitures, le chocolat, le luxe simple
www.monoprix.fr

Articles de fête (déco d'anniversaire pour enfants)

La Piñata

25, rue des Vinaigriers
75010 Paris
01 40 35 01 45
lapinataparis@yahoo.fr
http://www.lapinata.fr
Vente directe et réalisation de piñatas sur demande. Cadeaux et surprises pour faire la fête. Artisanat et art populaire latino-américain.

Stickers (déco adhésive)

SED Signatures d'enseignes

M. Chevolleau
01 69 88 98 98
http://www.sed-enseignes.com/
Réalisation de stickers, enseignes et tous types d'autocollants sur mesure.

Site Internet (de Cendrine !)

Pour encore et toujours plus d'adresses et d'idées de décoration, rendez-vous sur le site internet de Cendrine :
www.planetmaison.com
Pebeo.com
Le marchand de couleurs de rêve, pour tout refaire chez vous même le mobilier de jardin.

Table des matières

chapitre 5

Dans la même collection

Les Abdo-fessiers des paresseuses
L'Almanach des paresseuses
L'Anglais des paresseuses
L'Armoire idéale des paresseuses
L'Art de se faire épouser des paresseuses
L'Astrologie des paresseuses
La B.D. des paresseuses
La B.D. des paresseuses 2
La Beauté des paresseuses
La Boîte à paresse
Les Bonnes Résolutions des paresseuses
Les Bons Plans anticellulite des paresseuses
Le Bricolage des paresseuses
La Cave à vin des paresseuses
Les Coktails des paresseuses
Le Corps de rêve des paresseuses
La Couture des paresseuses
La Cuisine des paresseuses
L'Écologie des paresseuses
Extrait de paresse
Le Feng shui des paresseuses
La Fête des paresseuses
Le Guide de survie des paresseuses
La Gym des paresseuses
L'Histoire de France des paresseuses
Le Home sweet home des paresseuses
Le Jardinage des paresseuses
Jeune Maman et paresseuse
Le Kama-sutra box des paresseuses
Le Kama-sutra des paresseuses
Le Nouveau Savoir-vivre des paresseuses
Les paresseuses cassent la baraque
Les paresseuses changent de vie
Les paresseuses ne se laissent plus faire
Les paresseuses se marient
Les paresseuses s'engagent
Le Paris des paresseuses
Le PC des paresseuses
La Philo des paresseuses
Le Pilates des paresseuses
Le Poker des paresseuses
La Positive Attitude des paresseuses
Le Prince Charmant des paresseuses
Les Recettes érotiques des paresseuses
Les Recettes minceur des paresseuses
La Recherche de job des paresseuses
Le Régime des paresseuses
La Santé des paresseuses
Les Secrets de jeunesse des paresseuses
La Sexualité des paresseuses
Le Sudoku des paresseuses
Le Système D des paresseuses
Le Tricot des paresseuses
Les Vacances des paresseuses
La Vie politique (enfin) expliquée aux paresseuses
La Vie rêvée des paresseuses
Le Vintage des paresseuses
Le Yoga des paresseuses
La Zen Attitude des paresseuses

En papeterie

L'Agenda des paresseuses 2009
Le Répertoire des paresseuses

Pour l'éditeur, le principe est d'utiliser des papiers composés de fibres naturelles, renouvelables, recyclables et fabriquées à partir de bois issus de forêts qui adoptent un système d'aménagement durable.

En outre, l'éditeur attend de ses fournisseurs de papier qu'ils s'inscrivent dans une démarche de certification environnementale reconnue.

Photocomposition Nord Compo

Imprimé en Italie
par « La Tipografica Varese S.P.A. »
Dépôt légal : mai 2009
ISBN : 978-2-501-05896-4
40.7949.7/01